Peter Ankamah Addo

As igrejas de matriz africana e o acesso físico

Peter Ankamah Addo

As igrejas de matriz africana e o acesso físico

problemas de acesso físico enfrentados pelos imigrantes utilizadores de cadeiras de rodas em Dublin

ScienciaScripts

Imprint

Cover image: www.ingimage.com

This book is a translation from the original published under ISBN 978-3-659-85309-8.

Publisher:
Sciencia Scripts
is a trademark of
Dodo Books Indian Ocean Ltd. and OmniScriptum S.R.L publishing group

120 High Road, East Finchley, London, N2 9ED, United Kingdom
Str. Armeneasca 28/1, office 1, Chisinau MD-2012, Republic of Moldova, Europe
Managing Directors: Ieva Konstantinova, Victoria Ursu
info@omniscriptum.com

Printed at: see last page
ISBN: 978-620-8-37392-4

ÍNDICE DE CONTEÚDOS

RESUMO

Este estudo explorou as experiências físicas dos imigrantes utilizadores de cadeiras de rodas nas igrejas de matriz africana e as opiniões dos líderes das igrejas sobre o acesso físico dos utilizadores de cadeiras de rodas. Esta investigação revelou que não foi realizado nenhum estudo na Irlanda que examinasse as experiências dos imigrantes utilizadores de cadeiras de rodas nas igrejas de matriz africana em Dublin. Prestar especial atenção às experiências de cinco utilizadores de cadeiras de rodas em Dublin deu uma imagem do apoio disponível para utilizadores de cadeiras de rodas adultos e jovens e para os seus pais. As entrevistas com os utilizadores de cadeiras de rodas permitiram conhecer as suas opiniões sobre o apoio que receberam ou não receberam. No grupo de discussão, recolhi os pontos de vista dos pastores da igreja sobre a disponibilidade e a adequação do apoio aos utilizadores de cadeiras de rodas. Esta investigação utilizou uma entrevista semi-estruturada, uma abordagem qualitativa. No total, houve cinco participantes em cadeiras de rodas e nove no grupo de discussão, todos de Dublin. Foi utilizada a análise de conteúdo para analisar os dados recolhidos. No que diz respeito ao acesso físico, as conclusões do estudo provaram que o apoio prestado aos utilizadores de cadeiras de rodas nas igrejas de matriz africana em Dublin tem sido inadequado.

As respostas dos participantes revelaram que, em algumas igrejas, os utilizadores de cadeiras de rodas têm de ser transportados para o auditório da igreja, o que significa que o apoio recebido é muito fraco e perigoso para alguém que tem uma deficiência. As instalações das igrejas de matriz africana não são acessíveis aos utilizadores de cadeiras de rodas, uma vez que os outros membros da igreja, que são capazes, estão a usufruir delas. Os aspectos do apoio que os participantes em cadeira de rodas apreciavam muito eram o apoio social e espiritual da igreja, embora muitos tivessem experimentado algumas atitudes negativas em relação aos utilizadores de cadeira de rodas. Por outro lado, os líderes das igrejas também expressaram o seu desapontamento com o governo irlandês devido à falta de apoio dos políticos às igrejas imigrantes. Algumas das questões levantadas pelos líderes das igrejas foram: a falta de financiamento, de autorização de planeamento e o facto de terem de prestar culto em armazéns, que consideram ser a única opção para eles. A mensagem transmitida pelos participantes foi a sua esperança e desejo de que o Estado intervenha um dia.

LISTA DE ABREVIATURAS

ACD	African-led Churches in Dublin
ADA	Americans with Disabilities Act
UNCRPD	United Nations Convention on the Rights of Persons with Disabilities
CSO	Central Statistics Office
DDA	Disability Discrimination Act
DMC	Directory of Migrant-led Churches
EFATD	European Federation of Associations of Teachers of the Deaf
EOCE	Ethiopian Orthodox Churches in Europe,
ESA	Equal Status Act
ESAN	Ecumenical Disability Advocates Network
HSE	Health Service Executive
ICFDH	International Classification of Functioning, Disability and Health
IMD	International Missions Director
IWA	Irish Wheelchair Association
MEPD	Minority Ethnic People with Disabilities in Ireland
NDA	National Disability Authority
PACC	Planning Authorities and County Councils
SRE	Standard Rules on the Equalisation
UNC	United Nations Convention
WHO	World Health Organisation

AGRADECIMENTOS

Os meus sinceros agradecimentos a todos os participantes que me disponibilizaram o seu tempo e as suas valiosas ideias sobre o assunto. Aprendi muito com este estudo.

Agradeço também à Sra. Noreen Mote pelo seu apoio e encorajamento únicos; transmito-lhe o meu apreço pelo seu tempo.

Estou grata à minha supervisora, Dra. Edurne Iriarte, pela sua supervisão motivadora durante todo o processo de estudo e redação.

O meu apreço excecional vai para a minha mulher, Janet Apraku, e para os nossos seis filhos, pelos vossos sacrifícios, que me permitiram realizar este estudo de forma eficaz.

DEDICAÇÃO

Este estudo é dedicado à minha mulher, Janet, que me deu um amor e um apoio sem fim durante todo o processo.

CAPÍTULO 1: INTRODUÇÃO

Introdução

O número de imigrantes africanos com deficiência a viver na Irlanda aumentou de 1.677 para 3.517 (CSO, 2006 e 2011), respetivamente. Os estudos sobre os imigrantes africanos na Irlanda têm-se debruçado sobre a integração social e a vida religiosa. Relativamente aos africanos com deficiência, não se tem feito muito no que diz respeito à sua experiência de vida quotidiana (Murphy, 2011; Ugba, 2004 e Pierce, 2003). Além disso, não foi feito qualquer estudo sobre a vida religiosa dos imigrantes utilizadores de cadeiras de rodas nas igrejas africanas de Dublin. Entretanto, de acordo com a Parte M dos Regulamentos de Construção alterados (2010), os imigrantes utilizadores de cadeiras de rodas devem poder aceder fisicamente aos edifícios e participar ativamente nas reuniões.

Analisando a literatura, não foi encontrado nada específico sobre imigrantes utilizadores de cadeiras de rodas em igrejas de matriz africana, em Dublin. O objetivo do meu estudo era explorar as experiências físicas dos imigrantes utilizadores de cadeiras de rodas nas igrejas de matriz africana e as percepções dos líderes das igrejas relativamente ao acesso físico dos utilizadores de cadeiras de rodas. A pergunta de investigação a que procurei responder foi: quais são os problemas que os utilizadores de cadeiras de rodas enfrentam e as percepções dos líderes das igrejas sobre o acesso físico às igrejas de matriz africana em Dublin?

O capítulo 2 da dissertação apresenta a literatura sobre a experiência de acesso físico e de participação religiosa e o entendimento dos líderes da igreja sobre o acesso físico e o apoio aos utilizadores de cadeiras de rodas. O capítulo 3 explicará a metodologia empregue neste estudo, enquanto o capítulo 4 falará sobre os resultados das entrevistas e do grupo de discussão. Por fim, o capítulo 5 analisa os resultados desta investigação, bem como as recomendações e reflexões do investigador.

CAPÍTULO 2: REVISÃO DA LITERATURA

Introdução

Este capítulo centra-se em estudos e autores, dentro e fora da Irlanda, sobre as igrejas de matriz africana e os problemas de acesso físico que os imigrantes utilizadores de cadeiras de rodas enfrentam em Dublin. Para poder escrever esta revisão da literatura, foram analisados os principais estudos efectuados entre 1990 e 2013. Foram utilizadas várias bases de dados importantes, tais como Psycinfo, Proquest, Jstor, Google Scholar e Google, documentos políticos e legislações, procurando literatura relacionada com as igrejas de imigrantes e a sensibilização dos líderes das igrejas para o acesso físico dos utilizadores de cadeiras de rodas e as suas experiências. A análise abrange a legislação, os regulamentos e as políticas relativas às pessoas com deficiência, às igrejas de imigrantes e às questões de acessibilidade, tanto na Irlanda como noutros países. Além disso, o modelo social da deficiência analisa a perceção cultural e religiosa da deficiência.

Definição de deficiência

A Convenção das Nações Unidas sobre os Direitos das Pessoas com Deficiência (2006) define as pessoas com deficiência como aquelas que têm incapacidades físicas, mentais, intelectuais ou sensoriais duradouras que, em interação com várias barreiras, podem obstruir a sua participação plena e efectiva na sociedade em condições de igualdade com todas as outras pessoas (ONU, 2012). A Lei do Estatuto de Igualdade de 2000 da Irlanda também define a deficiência como a perda total ou parcial da capacidade de raciocínio físico ou mental de um indivíduo, bem como deficiências ou mau funcionamento da capacidade de uma pessoa para pensar ou raciocinar bem em comparação com os seus pares, ou ter uma condição de saúde que acaba numa atitude preocupada. Esta definição descreve a deficiência como uma restrição ou incapacidade de realizar uma tarefa devido a uma incapacidade. Este ponto de vista classifica as pessoas com deficiência como indivíduos que dependem de serviços médicos.

O artigo de Phemister e Crewe (2004) examinou o impacto do estigma nas pessoas com deficiências visíveis e definiu o estigma como uma situação criada socialmente que pode lembrar continuamente às pessoas com deficiências físicas que o público em geral as vê como membros diferentes e menos valorizados da sociedade. A Igreja é definida (Network, E. D. A., 2003) como um lugar da sociedade que é hospitaleiro, bem-vindo e acessível a todas as pessoas e livre de qualquer forma de discriminação. Esta definição implica que, quer uma igreja sirva maiorias ou minorias da população, tem de estar aberta a todos sem qualquer forma de discriminação.

Imigrantes e Igreja na Irlanda

De acordo com o relatório do Gabinete Central de Estatísticas sobre o Censo de 2011, dos 14 043 habitantes apostólicos e pentecostais da Irlanda, 60% são de etnia africana. O Censo de 2011 revelou que, das 595.355 pessoas com deficiência no Estado, 164.339 vivem em Dublin, e o total de africanos era de 3.517, um aumento em relação aos 1.677 de 2006 (CSO, 2006). O Diretório de Igrejas lideradas por Migrantes referiu que, das 327 igrejas existentes no Estado, a maioria se encontra em Dublin, prestando culto em edifícios religiosos não tradicionais (AllIreland Churches Consultative Meeting on Racism, 2009: 7). Embora não tenha sido documentado muito sobre a integração dos imigrantes no Estado, é evidente que os números actuais do (Central Statistics Office, 2011 e 2006) mostram que as pessoas com deficiência na Irlanda são constituídas por africanos e muitos vivem em Dublin. O Health Service Executive (HSE, 2013) informou sobre o perfil do pentecostalismo que estas igrejas têm um número mais elevado de congregações em Dublin do que em qualquer outro condado, onde a maioria dos imigrantes africanos frequenta igrejas pentecostais.

O relatório também revelou que o pentecostalismo na Irlanda registou um aumento de 157% entre 2002 e 2006. O aumento das igrejas africanas e dos africanos com deficiência mostra como a sociedade irlandesa precisa de estar consciente da presença destas pessoas e apoiar a sua plena integração na sociedade em geral.

Igrejas migrantes e acessibilidade

As questões relativas às actividades sociais, económicas e políticas, que ajudam os imigrantes a registar a sua presença na maioria dos países, continuam a limitar a integração dos imigrantes (Adedibu, 2013; Mensah, 2008 e Levitt 2003). Segundo Coffer (2013), as Autoridades de Planeamento e os Conselhos Municipais também parecem desconhecer as necessidades dos grupos de imigrantes, uma vez que as autoridades locais não prevêem nos seus planos de desenvolvimento ou zonamento a possibilidade de as novas comunidades terem um local próprio (Coffer, 2013). À procura de uma solução alternativa para obter locais de culto, Coffer (2013) descreveu-a dizendo que a crise económica na Irlanda teve um efeito colateral positivo inesperado para muitas igrejas lideradas por africanos, uma vez que muitos armazéns abandonados foram convertidos em locais de culto (Coffer, 2013). Mais uma vez, Coffer (2013), nas suas conclusões sobre os locais de culto dos migrantes, afirmou que muitas igrejas de migrantes não são conhecidas pela maioria dos irlandeses devido à localização dos seus centros de culto, e disse que os católicos romanos do seu país de origem têm a sorte de poderem fazer o seu culto em edifícios de igrejas tradicionais e que os crentes de outras religiões são os infelizes. Coffer (2013) afirmou que o problema dos grupos de migrantes e dos locais de culto não tem recebido a devida atenção. Numa entrevista com líderes religiosos, foi revelado que a Redeem Christian Church of God tinha quase 100 paróquias e cerca de 50% utilizavam edifícios religiosos não tradicionais como local de culto na Irlanda. Outros líderes religiosos também expressaram algumas vantagens de prestar culto em tais locais, tais como espaços amplos de estacionamento e a possibilidade de prestar culto durante a noite, tocando tambores e rezando (Sabar e Kanari, 2006).

De acordo com Ugba (2008), os imigrantes africanos com crenças pentecostais têm uma forma única de criar grupos dentro de cada comunidade e de gerir as diferenças. No mesmo estudo, foram identificados três conjuntos de igrejas pentecostais de matriz africana no Estado durante entrevistas aprofundadas e um inquérito a 144 membros de 4 igrejas. Há as que foram criadas por missionários, as que eram membros originais do país de origem e estão a ser apoiadas ou financiadas por uma igreja-mãe e, em terceiro lugar, as que têm líderes experientes, que decidiram estabelecer as suas próprias igrejas. A maioria dos pastores das igrejas africanas tem formação universitária e são eles próprios profissionais (Ugba, 2008). Estes pastores têm o respeito e a admiração da sua congregação e são normalmente chamados 'Homens de Deus'. Os pastores são a autoridade superior em todos os assuntos relacionados com a igreja. No estudo de Ugba (2008), um líder de igreja disse, durante a entrevista, que o ambiente não lhes permite fazer o que o Senhor os chamou a fazer, uma vez que se deparam com desafios como o abuso racial e o abuso verbal. Ele continuou dizendo que eles se escondem em seus próprios lugares e se retiram da sociedade. Mas a sua vocação é atravessar diferentes países e chegar ao serviço de todos e de cada um.

Legislação, regulamentos e políticas relativas ao acesso físico

Em muitos países, as principais percepções das pessoas com deficiência têm sido atribuídas a questões de saúde (OMS, 2011). Como resultado, a pessoa com deficiência é vista como o problema e, como tal, tratada como um problema médico. Numa perspetiva de modelo social, se houver falta de adaptação por parte da sociedade, é considerado um problema social (Hales, 1996). Além disso, Tom Shakespeare e Nicholas Watson (2002) afirmam que o modelo médico encara a deficiência como um problema que resulta de defeitos no corpo, enquanto o modelo social encara o problema como algo que se deve à opressão social e considera que este modelo continua a ser muito libertador para as pessoas com deficiência. A mudança do modelo médico para o modelo social é a resposta que retira a deficiência da pessoa e atribui o problema às estruturas sociais (Lang, 2007). Na sua essência, a deficiência não é o estado da pessoa, mas sim a acomodação social do indivíduo. A crescente consciencialização para o mau tratamento das pessoas com deficiência deu origem a um número considerável de desenvolvimentos legais e de políticas. Por exemplo, a Assembleia Geral das Nações Unidas, em 1993, aprovou as Regras Padrão sobre a Equalização, e a Regra 5 apela aos Estados Partes para que tornem o seu ambiente físico acessível a todos os cidadãos (ONU, 1993). Esta diretriz exige que os Estados nacionais se certifiquem de que os indivíduos têm acesso a todas as esferas da sociedade, porque os serviços e as estruturas de construção inacessíveis criam situações difíceis para as pessoas com deficiência no decurso das suas actividades quotidianas. O artigo 9.º da Convenção das Nações Unidas sobre os Direitos das Pessoas com Deficiência (CDPD) (ONU, 2006) obriga os Estados Partes que ratificaram a convenção a desenvolver políticas que facilitem o acesso das pessoas com deficiência, na mesma base que as pessoas fisicamente aptas, ao ambiente físico, incluindo outras instalações e serviços abertos ao público em geral (Nações Unidas, 2008).

Neste contexto, a Convenção implora aos sectores público e privado que tornem os seus serviços mais acessíveis, informando os prestadores de serviços, incluindo as igrejas, que negligenciar as normas de acessibilidade significa que as pessoas com deficiência enfrentarão barreiras na sua vida quotidiana e serão deixadas para trás. De acordo com a nova Convenção, as pessoas com deficiência são vistas como pessoas cujos direitos não lhes podem ser negados ou retirados. Algumas das obrigações que recaem sobre os Estados que ratificaram a convenção são a garantia dos direitos individuais e o fim da discriminação contra as pessoas com deficiência, incorporando essas garantias nas suas leis nacionais. A Classificação Internacional de Funcionalidade, Incapacidade e Saúde (CIF, 2001) reflecte o ponto de vista de que os ambientes que não colocam quaisquer obstáculos em termos de acessibilidade encorajarão as pessoas com deficiência a participar nas actividades da comunidade.

Em apoio às questões de acessibilidade, a Organização Mundial de Saúde (2011) afirma que o acesso físico aos centros comunitários é muito importante para que as pessoas com deficiência possam participar em reuniões comunitárias. Na Irlanda, a Lei da Deficiência de 2005 diz respeito principalmente aos organismos públicos e obriga o sector a prestar serviços acessíveis às pessoas com deficiência, tendo sido aprovada para reforçar a participação e melhorar o acesso aos edifícios. No entanto, independentemente das diretrizes, continuam a existir edifícios históricos inacessíveis (Governo da Irlanda, 2011). A execução de políticas de inclusão e participação deveria, por esta altura, ter alterado a forma como a sociedade irlandesa acomoda as pessoas com deficiência na maioria dos locais públicos. Ironicamente, a Lei da Deficiência de 2005, a principal legislação sobre deficiência na Irlanda, foi condenada pelo apoio insuficiente que oferece às pessoas com deficiência (NDA, 2011). A lei procura a participação e a inclusão das pessoas com deficiência nos serviços gerais, deixando outras reuniões sociais, como os centros religiosos. Da mesma forma, o relatório da Autoridade Nacional para a Deficiência (2002) "Building for Everyone" e as diretrizes da Associação Irlandesa de Cadeiras de Rodas (2010) também recomendam que as alterações a qualquer edifício existente devem aumentar o acesso, a participação e a inclusão das pessoas com deficiência. Para melhorar as questões de acessibilidade, foram feitos progressos adicionais com a introdução da Parte M dos Regulamentos de Construção, tal como alterados (2010), que exige que todos os locais de reunião e outros centros efectuem alterações que permitam às pessoas com deficiência aceder fisicamente a esses locais (Governo da Irlanda 2010).

Experiências de outros países

Os Estados Unidos consideram-se uma nação líder na proteção dos direitos das pessoas com deficiência através da Lei dos Americanos com Deficiência de 1990, embora esta lei não tenha obrigado as igrejas a tomar medidas para as pessoas com deficiência (Smith e Harris, 2005).

Mais uma vez, nos Estados Unidos da América, Peters (1998) e Cagney (1999) afirmaram que, embora a Lei dos Americanos com Deficiência (ADA) exista desde 1990, não obriga as igrejas a disponibilizarem acesso adequado às pessoas com deficiência. Collins e Ault (2010) referem que, em 1999, duas famílias nos EUA não puderam ir à igreja devido ao facto de a igreja não ser fisicamente acessível. Embora a ADA isentasse as igrejas, o ex-presidente George Bush (2001), por outro lado, introduziu um plano para dar às igrejas 10 mil milhões de dólares para tornarem os seus locais de culto mais acessíveis. O Presidente apoiou financeiramente a melhoria do acesso às instalações das igrejas para as pessoas com deficiência, mas não conseguiu facilitar o acesso das igrejas ao abrigo da lei.

Na Grã-Bretanha, a Disability Discrimination Act (Lei sobre a Discriminação das Pessoas com Deficiência) de 1995, alterada em 2005, estabelece que as igrejas são obrigadas por essa lei a introduzir alterações que permitam às pessoas com deficiência frequentar esses locais. A importância do acesso às igrejas foi sublinhada por Hickman, et al (2008), segundo o qual, frequentar a igreja e participar nas actividades da igreja é muito importante para a maioria dos imigrantes. Por outro lado, o estudo diz ainda que o acesso a esses locais e a participação nas actividades foi difícil (Hickman, et al 2008) e as causas mais prováveis podem ter sido a falta de sensibilização dos líderes para as questões de acessibilidade. Rostron (2008) acrescentou que, na Grã-Bretanha, a Lei da Discriminação por Deficiência de 1995 exige que todos os prestadores de serviços eliminem quaisquer barreiras que impeçam o direito de utilização de um serviço ou instalação por pessoas com deficiência. As estruturas sociais impedem por vezes a participação das pessoas com deficiência e estas devem ter acesso a serviços como o local de culto, o trabalho e a formação. Isto significa que, tal como a igreja precisa das pessoas com deficiência, as pessoas com deficiência também precisam do seu apoio para poderem aceder às salas da igreja.

Acessibilidade e locais de culto

O acesso físico para os utilizadores de cadeiras de rodas significa que as pessoas em cadeira de rodas podem entrar e utilizar as instalações de um local de culto de forma independente, sem quaisquer restrições ou barreiras, tais como escadas, portas estreitas e níveis pouco úteis de sinalização e saídas seguras (Graf et al, 2009; Hastings e Thomas, 2005 e Weeks, 2004). Parece preocupante o facto de as igrejas partirem do princípio de que todos os membros são pessoas sem deficiência (Cones, 2013). O estudo de Saba e Kanari (2006) em Israel revelou que as igrejas de imigrantes africanos começam em casa, geralmente com membros da família, e o melhor que podem fazer é alugar caves ou armazéns nas antigas zonas industriais. Há algumas igrejas a que Moira Garton (2011) chamou "Igrejas onde não vai nenhuma cadeira de rodas". A experiência de Garton (2011) foi uma visita a uma famosa igreja australiana onde se deparou com longos degraus. Durante essa visita, foi-lhe dito que um representante de uma igreja local afirmou que a sua igreja não tem qualquer problema de acesso, uma vez que não tem membros com problemas de mobilidade. A deputada disse que é verdade que as modificações nos edifícios são muito dispendiosas, mas mesmo pequenas alterações podem ajudar as pessoas com dificuldades de mobilidade e, em certas situações, as rampas temporárias permitem o acesso aos utilizadores de cadeiras de rodas.

Garton (2011) comentou que as estratégias adoptadas pela Igreja Anglicana em Londres e na Austrália permitiram que as pessoas com deficiência participassem nos serviços religiosos, mas ficou desiludido com a Igreja Católica na Austrália. Garton (2011) citou uma passagem da Bíblia em que um homem paralisado não conseguia entrar num edifício onde Jesus estava. Ele foi ajudado pelo telhado por amigos e simpatizantes e pôde receber a sua cura Marcos 2:4 Nova Versão King James (Bíblia, 2000). [st]Do mesmo modo, as igrejas do século XXI devem facilitar a entrada de pessoas com deficiência nas instalações da igreja para receberem a sua cura.

Outro estudo foi realizado por Ludwig (2012) em Nova Iorque, sobre o estigma das pessoas com deficiência e a participação nas artes. De acordo com o estudo, as organizações não acreditavam que o estigma fosse uma barreira à participação, mas os investigadores recomendaram estratégias que poderiam ser empregues para melhorar a acessibilidade total, tanto a nível de atitudes como de estruturas. As práticas religiosas são vitais para as pessoas com deficiência na sua vida quotidiana, mas muitas pessoas sentem-se discriminadas devido à sua capacidade. Ludwig concluiu que, na maioria das vezes, as barreiras associadas ao acesso são negligenciadas e que a verdadeira acessibilidade física é uma questão importante e pode ser impedida por regras e regulamentos, mas a única solução é oferecer um design universal para que tanto as pessoas com deficiência como as sem deficiência possam aceder a todos os serviços (Ludwig, 2012).

Cultura e participação religiosa

O inquérito de Philip Connor (2008) a 1000 imigrantes no Canadá em 1990 revelou que a participação dos imigrantes em actividades religiosas diminuiu drasticamente quando comparada com o nível de participação religiosa antes de migrarem. Finke e Stark (1992) afirmam que a maior parte destas restrições se deve ao facto de o apoio prestado pelos países de acolhimento ser inacessível. Para além das questões de atitude, existem outras barreiras dentro das igrejas que excluem fisicamente os utilizadores de cadeiras de rodas do resto da congregação. Estas práticas impedem as pessoas que utilizam cadeiras de rodas de frequentar a igreja. Meyers et al (2002) detalharam no seu estudo que a maioria dos utilizadores de cadeiras de rodas tem dificuldade em aceder a muitos serviços devido a rampas inadequadas e a superfícies irregulares do chão. Um inquérito realizado em Toronto em igrejas de imigrantes ganeses por Mensah (2011) revelou que a religião é muito importante na vida dos imigrantes. Mensah (2011) disse que o que falta no estudo dos imigrantes africanos no Canadá é a vida e as práticas religiosas. Os pentecostais e as igrejas carismáticas separam-se sobretudo das igrejas da sua nação de acolhimento, pois consideram-nas espiritualmente pouco activas ao exercerem os dons do Espírito Santo na área dos poderes de cura e da profecia.

A Rede Ecuménica de Defensores da Deficiência (2003) recordou Isaías 54:2: "Os crentes alargam a vossa tenda e estendem as cortinas do vosso habitat, para que haja lugar para todas as pessoas. Isto pode ser interpretado como um apelo à mudança na forma como as igrejas fazem as coisas e à participação de todos, o que sugere que as igrejas do século XXI devem ajudar a resolver os problemas enfrentados pelas pessoas com deficiência que a sociedade abandonou e ignorou durante muito tempo.

Minorias étnicas na Irlanda

Ao analisar o tema da inclusão, foi difícil encontrar literatura sobre a experiência dos imigrantes utilizadores de cadeiras de rodas nas igrejas de matriz africana. Por isso, foi recolhida informação suplementar de grupos de imigrantes e de minorias em geral na Irlanda. Pierce (2003) deixou claro no seu estudo sobre as pessoas de minorias étnicas com deficiência na Irlanda que estas pessoas enfrentam muitas barreiras na sua vida social e salientou que, apesar da diversidade étnica da Irlanda, ainda há poucos estudos sobre as experiências das minorias étnicas com deficiência na Irlanda. A questão do estudo limitado ou da informação disponível sobre os imigrantes na Irlanda foi também afirmada na investigação conduzida por Esther Murphy (2011) e Pierce (2003), que investigaram as experiências dos migrantes com deficiência visual e das pessoas de minorias étnicas com deficiência, respetivamente, revelando um apoio limitado às comunidades étnicas e que estas pessoas enfrentam muitas barreiras na sua vida social. Especificaram que, apesar da diversidade étnica na Irlanda, existem ainda poucos estudos sobre as experiências das minorias étnicas com deficiência no Estado. Os estudos de Murphy (2011) e Ejorh (2011) sublinharam a importância dos serviços religiosos comunitários como uma fonte de satisfação que melhora a vida social. Se as igrejas desempenham de facto um papel significativo na promoção da integração social das pessoas com deficiência nas suas comunidades, como Murphy (2011:339) afirma, a sociedade irlandesa deve ligar-se às igrejas, uma vez que estas prestam apoio prático aos membros das suas comunidades.

A deputada é de opinião que a ligação do Estado com as igrejas eliminará qualquer forma de discriminação resultante de barreiras sociais e facilitará a inclusão de pessoas com deficiência nos serviços religiosos.

Modelo social da deficiência

Antes da década de 1970, o entendimento da deficiência era muito visto como um problema da pessoa e as pessoas com deficiência eram tratadas como diferentes, discriminadas e segregadas da sociedade em geral. Os académicos afirmam que, nos últimos trinta anos, houve uma mudança desta noção e que a questão se centra cada vez mais na construção social do ambiente construído e nas estruturas sociopolíticas que oprimem as pessoas com deficiência (Burke, 2008; Oliver, 1996 e Barnes, 1991). O modelo social salienta que as barreiras ambientais são a principal causa da incapacidade dos indivíduos e não as próprias pessoas. Nas décadas de 1970 e 1980, activistas com deficiência e algumas organizações na América do Norte e na Europa opuseram-se à ideia de que o indivíduo era o problema e atribuíram a questão de "não ser capaz de fazer algo" à forma como a sociedade tinha sido estruturada, deixando os indivíduos com deficiência para trás (Oliver & Barnes, 2012; Lester, 2002). Este modelo é diferente do modelo médico, que se centra apenas na cura e vê as pessoas com deficiência como pessoas não saudáveis (Platt-McDonald et al, 2007). Apesar do impacto substancial do modelo social na consciencialização da discriminação das pessoas com deficiência, a discriminação das pessoas com deficiência continua a existir na maioria das comunidades (Ugba, 2008). Embora as estruturas sociais discriminem as pessoas com deficiência em algumas comunidades, é possível que a cultura e a religião possam influenciar as pessoas com deficiência.

Percepções culturais e religiosas sobre a deficiência

Em grande medida, as igrejas lideradas por africanos imitam as atitudes do público em geral em relação às pessoas com deficiência. A deficiência é considerada de forma diferente entre as culturas religiosas e, numa apresentação à Federação Europeia de Associações de Professores de Surdos, foi salientado que, culturalmente, a deficiência existe em múltiplas formas e não numa forma dominante, e que o modelo social deve combinar as componentes inspiradas da deficiência que se revelam na identidade e na cultura (Devlieger, 2005). A civilização, geralmente considerada uma coisa boa, causou mais danos do que benefícios quando trouxe um tratamento negativo aos indivíduos numa sociedade. Oliver e Barnes (2012) deixaram claro que o capitalismo no século XIX foi a causa principal da criação social da deficiência, que vê a deficiência como um problema pessoal dos indivíduos. Afirmaram ainda que existe um elemento cultural na criação da identidade da deficiência, através da forma como as várias sociedades aceitam a deficiência de forma diferente. Além disso, as percepções da deficiência diferem consoante o tipo de deficiência (Oliver e Barnes, 2012:98). Do mesmo modo, a tradição judaica também atribuía a deficiência ao pecado cometido pelo indivíduo ou por um membro da família (Oliver e Barnes, 2012:101; Congresso, 2004). Isto mostra que, através da cultura e da religião, as sociedades foram capazes de formular o que consideram uma pessoa normal e as que não são normais. Muitos autores, como Coleridge (2000), Davis (1997), McDermott e Varenne (1995), afirmam que a deficiência é entendida como uma invenção cultural e que a capacidade da cultura para incapacitar os outros causou segregação, exclusão e discriminação na maioria das sociedades. Na maior parte das culturas, as pessoas com deficiência são vistas como "excluídas", possuídas por demónios e como alguém que foi amaldiçoado por ter feito algo de mau, quer aos olhos dos homens, quer aos olhos de Deus. Algumas famílias com crianças portadoras de deficiência escondem as suas crianças do resto da sociedade em geral devido ao estigma, o que significa que não são reconhecidas nas suas comunidades (Narib, 2003 e Rapuro, 1998).

O efeito é que essas crianças com deficiência não têm quaisquer associações no seio das sociedades e não são consideradas como membros da comunidade, o que, na maioria dos casos, conduz à segregação, negligência e classificação como cidadãos de segunda classe. Embora a cultura possa impedir o desenvolvimento, Coleridge (2000) disse que qualquer desenvolvimento que não se envolva com a cultura local não dura, e como a deficiência é definida pela cultura, a consciência de como a deficiência é vista na cultura alvo determinará o sucesso de um projeto.

Culturalmente, os desafios que os utilizadores de cadeiras de rodas encontram nos degraus ensinam à sociedade muito pouco sobre os ambientes físicos e a utilização de uma cadeira de rodas. Uma sociedade que não tenha em conta estas questões resultará em isolamento social e na exclusão dos utilizadores de cadeiras de rodas da maioria das reuniões (Ugba, 2008). Nos Estados Unidos da América, o editorial do Christianity Today referia que os indivíduos têm medo das pessoas com deficiência e que, se a deficiência pode ser usada como uma entrada para a obra de Deus, as igrejas de hoje foram desafiadas a mostrar o poder de Deus entre as pessoas com deficiência (Christianity Today, 2005). Para muitas pessoas, a deficiência é vista como um resultado do pecado, da falta de fé ou de acções erradas. Outras têm também a noção de que é curável. O modelo social vê a deficiência como algo que não tem nada a ver com o indivíduo, mas as formas como a sociedade tem sido estruturada precisam de ser alteradas para acomodar todas as pessoas com deficiências.

Christian (2014) explica que, num modelo social, as deficiências não são iguais, e a única coisa que pode resultar em deficiência é quando as barreiras ambientais não permitem que as pessoas com deficiência participem ou sejam incluídas. A partir da sua experiência, constata que as igrejas indonésias não são amigáveis para as pessoas com deficiência. A segregação dos imigrantes utilizadores de cadeiras de rodas dos serviços religiosos pode perturbar este grupo de pessoas na comunidade, porque essas reuniões são muito importantes tanto na sua vida espiritual como social (Gilroy, 2000).

Os cristãos consideram a religião como a raiz do seu conforto, mesmo em tempo de doença, e testemunham que essas práticas os mantêm em forma em tempo de doença (Wahrisch-Oblau, 2001). Murphy et al (2007) afirmam que a religião é a crença profunda e a dedicação a Deus através da oração, da leitura da Bíblia e da ida mais frequente à igreja, e esperam fazer bom uso das formas religiosas para resolver até mesmo problemas relacionados com a saúde. Foi isto que Koenig (1997) viu e afirmou, com grande preocupação, que não é possível restaurar a saúde de forma absoluta utilizando apenas o tratamento médico moderno. As pessoas com deficiência esperam ansiosamente pelas igrejas como um lugar onde possam ser amadas e cuidadas e encontrar um sentido para a vida. Na Alemanha, as igrejas de imigrantes africanos oferecem orações pelos doentes e espera-se que haja cura, o que é feito tanto durante as reuniões de domingo como a meio da semana. A maior parte das curas ocorre durante os avivamentos e as vigílias nocturnas, entre as 23h e as 4h da manhã, e esses avivamentos são sobretudo designados por cruzadas milagrosas (Wahrisch-Oblau, 2001). Enquanto na Alemanha existe tratamento médico, os cristãos imigrantes africanos continuam a acreditar que a cura espiritual trará a cura completa. Também foi revelado que a compreensão de algumas doenças é influenciada pelo demónio, pelo diabo, pelo espírito maligno e até pelo pecado, que o tratamento médico moderno não pode curar (Wahrisch-Oblau, 2001).

Joachim Persoon (2010) descreve as igrejas etíopes na Europa como um lugar de memórias, de lar, de pertença, de preservação da identidade, da cultura e dos valores. Ele retrata a igreja como um veículo ou navio que leva o crente deste mundo turbulento para o destino final (o céu) de todos os crentes (Yang, 2011). Ao explorar a implantação de Igrejas Ortodoxas Etíopes na Europa, a arca de Noé foi utilizada para explicar a função da igreja como a arca da salvação e afirmou que a migração é a principal causa do crescimento religioso. Para os imigrantes, existem apenas dois pontos de encontro social onde se podem reunir com os seus pares imigrantes, que são a igreja e as associações étnicas (Wahrisch-Oblau, 2001). Isto levou Gyadu (2011) a dizer que é impossível falar de África sem mencionar o cristianismo.

O Diretor das Missões Internacionais, ao examinar o trabalho missionário da Igreja do Pentecostes, disse que a igreja dá aos seus membros na diáspora a oportunidade de fazer igreja à sua maneira cultural e isto dá aos membros no estrangeiro um sentido de identidade e de pertença (Onyina, 2004). O estabelecimento de tais igrejas numa terra estrangeira responde às necessidades das pessoas, tais como necessidades sociais, assuntos matrimoniais e funerários, e isto ajuda a evitar que os membros se tornem vítimas de crime, abuso de drogas e tráfico de drogas. Prosseguiu dizendo que os imigrantes vêem o serviço religioso como um enriquecimento das suas vidas espirituais, o que os ajuda a ultrapassar quaisquer problemas com que se deparem e, o que é mais importante, preferem prestar culto na sua própria cultura (Gyadu, 2011). A religião fornece apoio emocional e material aos seus membros (Persoon, 2010). O primeiro Diretor das Missões Internacionais, Apóstolo Opoku Onyina, no seu livro (2004), disse que a Igreja do Pentecostes noutros países tem dificuldade em assegurar edifícios permanentes para as igrejas. Ele acrescentou que as igrejas precisam de ter actividades sociais significativas que as façam ser bem recebidas pela sociedade ocidental (Onyina, 2004). Os utilizadores de cadeiras de rodas só podem beneficiar física, emocional e culturalmente, como mencionado por Onyina (2004), se as igrejas tiverem centros de culto acessíveis que prestem um serviço inclusivo. O'Donovan (2011) observou que existem várias barreiras à participação nas actividades da igreja sentidas pelas pessoas com deficiência na Irlanda, embora existam actividades em que desejam participar, mas encontram limitações para o fazer.

Questões de integração com que se confrontam as igrejas de imigrantes

Muitos países de acolhimento não se sentem confortáveis com a presença de imigrantes ou com políticas de integração progressivas. A realidade na Irlanda é que o número de residentes migrantes aumentou. Os indivíduos que decidiram ficar na Irlanda enfrentam desafios significativos na área da integração e isto está a piorar devido à recessão da economia do Estado, que trouxe grandes cortes aos projectos de integração (The Integration Centre, 2010:9). O receio de muitos imigrantes é que percam a sua cultura e assumam uma que nada tem a ver com as suas raízes. Embora muitos deles estejam dispostos a integrar-se, ao mesmo tempo não querem deixar de lado a sua cultura anterior que os liga ao seu país de origem. (Adedibu, 2013; Gilligan et al, 2010:69 e Robert Wood Johnson Foundation, 2006). Um estudo efectuado nos Estados Unidos sobre pacientes culturalmente diversos e as suas famílias referiu que alguns pais de pacientes imigrantes e as suas famílias preferem prestar culto na sua língua materna, enquanto os filhos desejam assumir a cultura americana

(Congresso, 2004). A questão da religião e da identidade cultural tem recebido uma atenção bem-vinda nos Estados Unidos, uma vez que a Igreja Católica Romana proporciona aos imigrantes católicos locais de culto sem necessidade de luta, porque partilham uma fé comum (Congresso, 2004). Este tipo de abordagem facilita a integração das novas comunidades de imigrantes e, ao respeitar a sua etnia, religião e cultura, as igrejas do país de acolhimento tendem a desenvolver a identidade do imigrante (Appieby, 2011 e Mensah, 2011). Isto é o que Yang (2011) designa por um processo bidirecional entre a nação de acolhimento e a comunidade imigrante. Afirmou que as comunidades cristãs desempenham um papel importante na integração dos imigrantes e que as igrejas na América têm ajudado nesse sentido. A autora propõe que o governo deve ter um compromisso de longo prazo com a integração dos imigrantes. Carl Simpson (2012) também se referiu a uma situação na Alemanha em que as igrejas de imigrantes estavam a aumentar de dia para dia. Nas igrejas pentecostais, muitos líderes não tinham formação formal. Como resultado do grande número de igrejas de imigrantes na cidade de Hamburgo, foi desenvolvida uma formação pastoral na Universidade de Hamburgo para atender à necessidade de tais líderes. Este módulo deve destacar as barreiras ambientais e estruturais que as pessoas com deficiência enfrentam nas igrejas, especialmente a participação dos utilizadores de cadeiras de rodas (Storr et al, 2004; Thapar et al, 2004; Scheer et al, 2003 e Lester, 2002).

Segregação, discriminação e estigma

A cultura produz estigma social que frequentemente resulta em resultados negativos na vida dos indivíduos (Brownlee e Cureton, 2009). Tal como referido pelos teóricos (Priestley, 2001:3), muitos imigrantes vêm de países mais pobres onde o acesso à prevenção precoce da deficiência é difícil (OMS, 2011). Isto demonstra a razão pela qual a maioria das pessoas de minorias étnicas, como os imigrantes, têm necessidades especiais nas áreas da saúde, língua ou práticas culturais e podem desejar ir à igreja na sua própria comunidade Ebaugh (2000). O Union Leader (2007) referiu que, no passado, se pedia às pessoas com deficiência que abandonassem a igreja porque faziam com que os outros se sentissem desconfortáveis. Isto confirma o que Stone (2005) e Peterson (2007) disseram, que apesar de o acesso físico ser essencial para prestar um serviço inclusivo, a questão principal é a atitude dos outros, que mostra realmente se uma pessoa será aceite na sua própria comunidade. Infelizmente, apesar de muitos imigrantes terem enfrentado a estigmatização e a segregação dos países de acolhimento, muitos imigrantes também têm uma atitude estranha em relação às suas próprias pessoas com deficiência (OMS, 2011).

O estigma em relação às pessoas com deficiência nos países em desenvolvimento é muito elevado em comparação com o ocidente, devido ao ambiente social e cultural e ao estigma que separa as pessoas com deficiência do resto da população em geral (Thirthalli e Kumai, 2012). Um atleta olímpico especial, Greg Sylvester, disse ao inquérito do Comité Internacional para o Desenvolvimento em Londres que, em muitas culturas africanas, existem elevados níveis de estigma em relação às pessoas com deficiência e apelou ao comité para que tivesse isso em conta ao conceder ajuda ao continente (Special Olympic, 2014). Na maioria das vezes, as pessoas com deficiência, especialmente os utilizadores de cadeiras de rodas, estão sempre à beira de sofrer estigma devido à sua aparência física. Além disso, as pessoas com deficiência são mais estigmatizadas do que o resto da população. O acesso e o estigma foram alguns dos itens que surgiram num estudo realizado no Uganda por Kutersa et al (2012). Este estudo qualitativo sobre pessoas com mais de 50 anos mostra que as causas dos enormes níveis de estigma são os efeitos do VIH e da velhice. No final, verificou-se que o estigma afecta a vida das pessoas que vivem com deficiência. O facto de alguém ser "negro" ou africano com uma cadeira de rodas pode impedi-lo de ir às reuniões da igreja, o que pode excluir os utilizadores de cadeiras de rodas de obterem o apoio necessário da comunidade da igreja.

Além disso, Krants et al. (2008) afirma que uma cadeira de rodas não pode ser escondida e que o estigma associado às pessoas que utilizam cadeiras de rodas pode ser mais visível porque as cadeiras de rodas chamam a atenção das pessoas. Frost (2011) culpa as leis, as políticas, a religião e os organismos institucionais como as causas da negatividade em relação às pessoas que são estigmatizadas. As pessoas que são impedidas de participar em actividades sociais são menos valorizadas e o efeito do estigma social é que produz rotulagem e discriminação. A Organização Mundial de Saúde define uma cadeira de rodas como um dispositivo de assistência, que fornece apoio à mobilidade de pessoas com dificuldade em deslocar-se ou andar (Organização Mundial de Saúde, 2008:11). Os dispositivos de apoio permitem que os utilizadores de cadeiras de rodas se movimentem livremente e acedam fisicamente a todos os edifícios de serviços com menos ou nenhuma dificuldade. As recomendações contidas no relatório da Organização Mundial de Saúde (2011) apontam formas de melhorar a acessibilidade, a participação ativa, a inclusão e a dignidade das pessoas com deficiência.

Conclusão

A população imigrante com deficiência tem crescido rapidamente na Irlanda. A religião é muito importante para os imigrantes por várias razões. As religiões não católicas não têm locais tradicionais de culto e reunião. No entanto, estes locais públicos devem ser acessíveis de acordo com a política e a legislação. Uma vez que se trata de locais não tradicionais, pode presumir-se que não são acessíveis. No entanto, ainda não se sabe se são ou não acessíveis. Por conseguinte, este estudo tem como objetivo estudar a acessibilidade destes locais de culto das igrejas de matriz africana em Dublin.

CAPÍTULO 3: METODOLOGIA

Introdução

Este capítulo tem como objetivo descrever a metodologia de investigação utilizada neste estudo e explicar o método e os instrumentos utilizados na recolha e análise dos dados, bem como as questões éticas do estudo. O objetivo deste estudo foi analisar as experiências dos imigrantes utilizadores de cadeiras de rodas relativamente ao acesso físico às igrejas de matriz africana em Dublin. Para além disso, avaliar a sensibilização dos líderes das igrejas para as pessoas com deficiência. Por fim, descreverei as medidas aplicadas na análise dos dados.

Objectivos do estudo

O estudo teve como objetivo explorar as experiências dos utilizadores de cadeiras de rodas e as perspectivas dos líderes das igrejas relativamente ao acesso físico às igrejas de matriz africana em Dublin, utilizando métodos qualitativos para descobrir as experiências dos utilizadores de cadeiras de rodas em relação às instalações de acesso físico e examinou o apoio ao acesso físico disponível para os utilizadores de cadeiras de rodas, bem como as percepções dos pastores e dos líderes relativamente ao acesso físico aos seus locais de culto.

Conceção da investigação

O estudo utilizou um método qualitativo devido à natureza do estudo e foi também utilizada uma análise de conteúdo em cinco entrevistas com utilizadores de cadeiras de rodas e líderes de igrejas originários de África que vivem em Dublin. A análise de conteúdo das entrevistas foi feita para além de um grupo de discussão realizado com nove igrejas lideradas por africanos que também são originários de África.

Investigação Qualitativa

O estudo utilizou métodos qualitativos para realizar esta investigação, nomeadamente entrevistas qualitativas e grupos de discussão (Maxwell, 2012). Patton e Cochran (2002) recomendam que este método seja utilizado quando há falta de informação sobre o tema e o tamanho da amostra é pequeno. Uma vez que pouco se sabe sobre o acesso físico aos edifícios das igrejas no Estado, foram utilizados métodos qualitativos para produzir dados para utilização futura. Mason (1996) A investigação qualitativa permite a geração de descrições e uma compreensão completa com base em dados ricos. Para este fim, os métodos qualitativos produziram dados que representaram uma visão das experiências de apoio das pessoas com deficiência motora e das questões que afectaram a sua participação na igreja.

A razão pela qual o investigador não escolheu o método quantitativo foi o facto de, sendo a investigação exploratória, o qualitativo ser o melhor para gerar novos dados para estudos posteriores. O método quantitativo é melhor utilizado quando se espera um resultado de um projeto ou pode ser utilizado para testar uma teoria ou explicação (Morse, 199 1). Além disso, o quantitativo não podia ser utilizado porque lida com números e, devido à quantidade de dados gerados, os dados qualitativos, que lidam com palavras, eram mais adequados (Creswell, 2013).

As principais questões de investigação que o estudo abordou foram as seguintes

1. Na sua opinião, quais são os problemas que os utilizadores de cadeiras de rodas enfrentam em relação à frequência da igreja?

2. Que experiência tem você/o seu filho ou filha no acesso à sua igreja?

3. Quais são as experiências dos líderes da igreja relativamente à presença de pessoas com deficiência na sua congregação?

4. Que problemas enfrentam os líderes das igrejas que os impedem de proporcionar acesso físico aos utilizadores de cadeiras de rodas?

Estas perguntas foram utilizadas como base para extrair a perspetiva do participante e, ao mesmo tempo, valorizar as respostas dos participantes (Rallis e Rossman, 1998). O método é importante para trazer uniformidade ao longo do estudo.

População e amostragem

Para obter participantes para o estudo, foi utilizada a amostragem em bola de neve para encontrar potenciais participantes. Patton (2002) e Babbie (2010) descrevem a amostragem em bola de neve como um método de seleção de participantes difíceis de localizar. A utilização desta técnica de amostragem mostra como a população em estudo está escondida (Katz, 2006 e Browne, 2005) devido à perceção cultural e ao número total de potenciais participantes na comunidade africana em Dublin. A ideia subjacente a esta opção é que existem líderes de igrejas africanas que já têm imigrantes utilizadores de cadeiras de rodas como membros e que também conhecem os que visitam essas igrejas de vez em quando. Tal como sugerido por Frank e Snijders (1994), permite que os participantes da amostra forneçam informações não só sobre si próprios, mas também sobre outros potenciais participantes. Os líderes da igreja e outros membros destas congregações foram considerados como aqueles que conhecem os potenciais participantes neste estudo. Os líderes das igrejas são também os especialistas neste domínio das igrejas de matriz africana. Como tal, ambos puderam oferecer-me melhores informações sobre os meus sujeitos de estudo, em vez de uma seleção propositada ou aleatória da comunidade da igreja africana.

Dados demográficos

Utilizadores de cadeiras de rodas

O número total de participantes em cadeiras de rodas foi de cinco, dois do sexo masculino e três do sexo feminino (Figura 3.1). Quatro dos participantes em cadeira de rodas são membros de igrejas de matriz africana em Dublin, enquanto o outro faz visitas regulares a muitas igrejas de matriz africana (Figura 3.2). Todos os participantes em cadeira de rodas são de origem africana; três nasceram de pais africanos e dois nasceram em África (Figura 3.3).

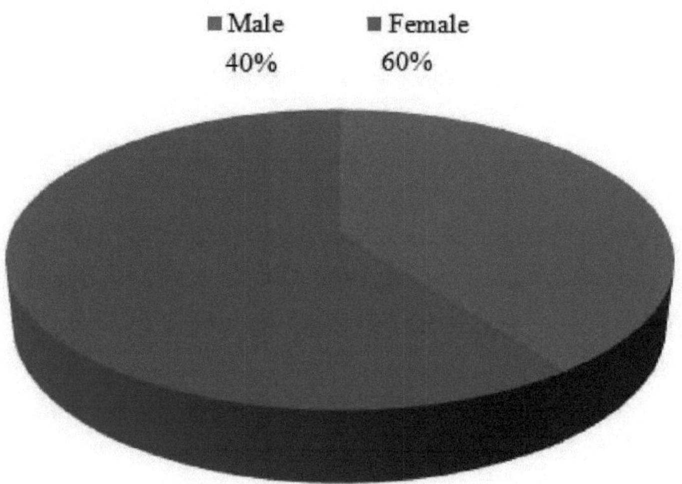

Figura 3.1: Género dos utilizadores de cadeiras de rodas entrevistados

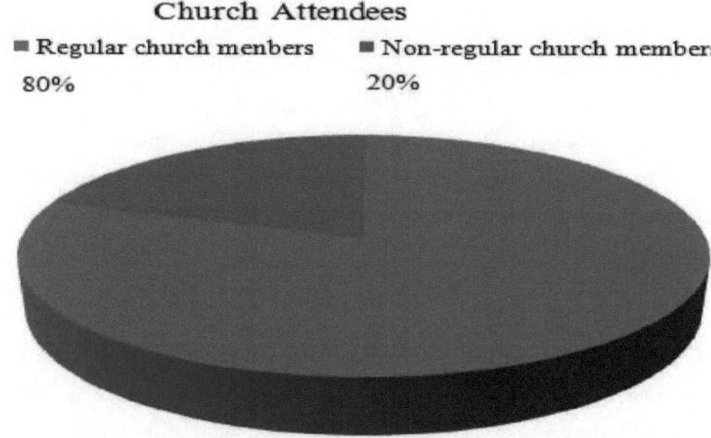

Figura 3.2: Membros utilizadores de cadeiras de rodas entrevistados

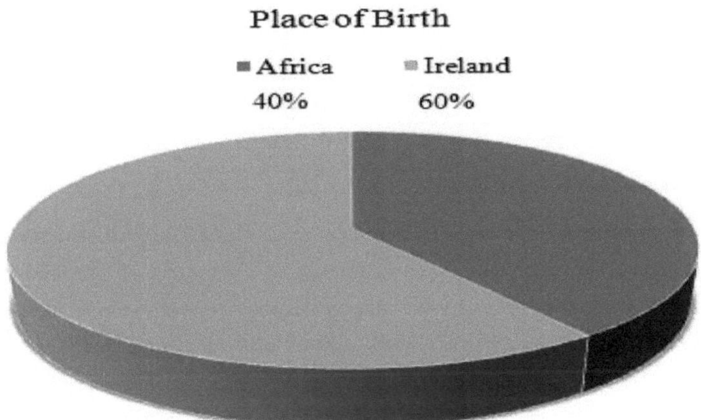

Figura 3.3: Utilizadores de cadeiras de rodas entrevistados

Líderes da Igreja

A Tabela 1 abaixo representa o número total de participantes nos grupos de discussão. A tabela apresenta as seguintes informações sobre os participantes nos grupos de discussão: nome fictício (Pseudónimo) utilizado por razões de confidencialidade, estão representados 8 homens e 1 mulher, sete dos quais são pastores e dois são líderes. Todos eles têm mais de 5 anos no cargo de líderes de igreja e as igrejas que representam situam-se na área da Grande Dublin. Os participantes do grupo de discussão nasceram todos em África.

Nome	**Género**	**Idade**	**Posição**	**Anos de serviço**	**Área**	**País de nascimento**
Mateus	Masculino	50-55	Pastor	10 e mais	Dublim 24	Nigéria
Eunice	Feminino	35-40	Líder	5 e superior	Dublim 10	Gana
Lucas	Masculino	45-50	Pastor	5 e superior	Dublim 15	Nigéria
João	Masculino	50-55	Pastor	5 e superior	Dublim 11	Nigéria
Tomás	Masculino	55-60	Pastor	4 e superior	Dublim 1	Gana
Paulo	Masculino	45-50	Pastor	10 e mais	Dublim 22	Nigéria
Filipe	Masculino	50-55	Pastor	10 e mais	Dublim 15	Nigéria

Timóteo	Masculin o	50-55	Pastor	10 e mais	Dublim 15	Nigéria
Marca	Masculin o	45-50	Líder	5 e superior	Dublim 11	Nigéria

Tabela 3.1: Participantes nos grupos de discussão

A Tabela 2 representa o número total de participantes em cadeiras de rodas. A tabela apresenta as seguintes informações sobre os participantes em cadeiras de rodas: nome fictício (Pseudónimo) utilizado por razões de confidencialidade, 2 adultos e 3 crianças, cujos pais foram entrevistados porque tinham menos de 18 anos, estas três crianças nasceram na Irlanda de pais africanos e os dois adultos nasceram em África. Os dois adultos estavam desempregados e as crianças frequentavam a escola.

Nome	Género	Idade	Entrevistado	Ocupação	Área	País de nascimento
Sara	Feminino	33-35	Ela própria	Desempregado	Dublim 15	Nigéria
Maria	Feminino	10-12	Pai	Na escola	Dublim 15	Irlanda
Moisés	Masculino	7-9	Pai	Na escola	Dublim 5	Irlanda
Josué	Masculino	54-56	Ele próprio	Desempregado	Dublim 7	Gana
Rebeca	Feminino	9-11	Pai	Na escola	Dublim 8	Irlanda

Quadro 3.2: Participantes utilizadores de cadeiras de rodas

Recrutamento de participantes

Recorri a 5 utilizadores de cadeiras de rodas, 9 pastores e líderes de igrejas, utilizando a amostragem em bola de neve para recolher dados. Abordei um pastor da igreja que inicialmente contactou outros dois pastores. A amostragem em bola de neve "ajuda a obter participantes de outros potenciais participantes (Atkinson e Flint, 2001). Estes três pastores acrescentaram à amostra os seguintes participantes: o primeiro pastor conseguiu recrutar para a amostra um utilizador de cadeira de rodas e um pastor da igreja que também acrescentou um utilizador de cadeira de rodas à amostra. O segundo pastor voltou a ajudar o investigador a recrutar uma pessoa em cadeira de rodas e o terceiro pastor recrutou para a amostra mais uma pessoa em cadeira de rodas, dois pastores e, de entre estes pastores, um deles também adicionou à amostra uma pessoa em cadeira de rodas. No total, de entre os muitos contactos, 16 pastores e líderes de igrejas mostraram interesse no estudo e 9 participaram no grupo de discussão e apenas 5 utilizadores de cadeira de rodas consentiram em participar no estudo, como mostra o diagrama 3.1 abaixo. Posteriormente, foram enviados a estes participantes uma carta de convite, um formulário de consentimento e uma folha de informação, alguns por correio eletrónico, outros por correio com um envelope de retorno e outros ainda em mão, dependendo da opção de comunicação que escolheram. Foi feito um seguimento após uma semana e o resultado foi bom, com exceção dos que foram enviados por correio, que não responderam, e duas semanas mais tarde foi enviado outro pacote com o convite, mais uma vez sem resposta. Começaram os preparativos para as datas, horas e locais das entrevistas e, no caso do grupo de discussão, os líderes da igreja escolheram a data, o local e a hora que lhes eram convenientes. No caso dos utilizadores de cadeiras de rodas, os indivíduos escolheram o local que mais lhes convinha e a recolha de dados começou.

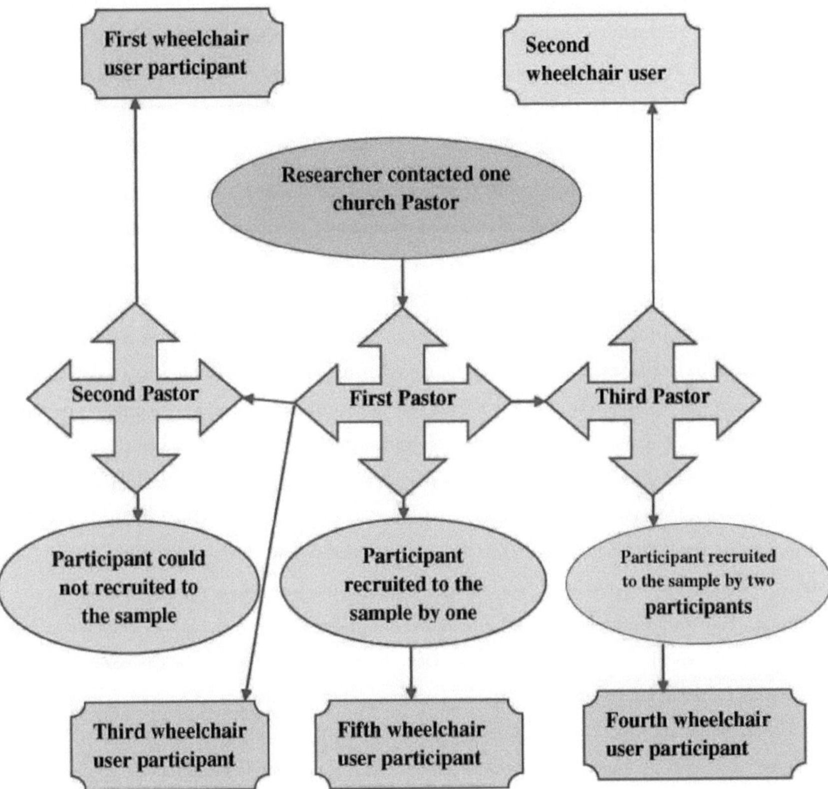

Diagrama 3.1: Amostragem em bola de neve: Os participantes são recrutados identificando primeiro alguns indivíduos

Métodos de recolha de dados

O estudo utilizou dois métodos: um grupo de discussão com 9 pastores, incluindo dois líderes de igrejas, e entrevistas a 5 utilizadores de cadeiras de rodas. Krueger (1994) definiu um grupo de discussão como um debate bem concebido destinado a obter percepções sobre uma determinada área de importância. Foi realizada uma entrevista semi-estruturada individual a 5 utilizadores de cadeiras de rodas para recolher as experiências individuais. Foram utilizadas perguntas abertas, tal como indicado no guião da entrevista (Anexo E) e a dimensão da amostra assegurou que o ponto de saturação fosse atingido, Coyne (1997). Era muito importante obter reacções dos utilizadores de cadeiras de rodas, o que foi possível através de entrevistas (Gray, 2004). A entrevista individual foi conveniente para os utilizadores de cadeiras de rodas em termos de tempo e de local.

Além disso, os entrevistados dispunham de muito tempo, em comparação com as muitas pessoas de um grupo de discussão. A utilização de perguntas semi-estruturadas (O'Leary, 2010) para obter informações e opiniões dos participantes foi mais descontraída para eles. Os dados recebidos através desta abordagem foram muito profundos e os conteúdos também foram ricos. As reacções dos participantes, o tom da sua voz e a sua postura foram muito úteis para o estudo. Na próxima secção, descreverei os métodos utilizados e os objectivos previstos. Explicarei também como foram produzidos os dados do estudo. As entrevistas semiestruturadas foram utilizadas neste estudo qualitativo para obter uma boa imagem das opiniões dos participantes no grupo de discussão sobre determinadas questões (Coniam, 2011 e Blaikie, 2010).

O grupo de discussão e as entrevistas individuais foram realizados com recurso a perguntas orientadoras, não esperando receber respostas diretas dos entrevistados, mas dando espaço para que os participantes abordassem certos aspectos do tópico a partir dos seus próprios pontos de vista (Anexo F). A realização de entrevistas presenciais permitiu que as perguntas subsequentes fossem feitas com base nas respostas recebidas das perguntas orientadoras. Foi realizada uma sessão de grupo semi-estruturada com nove líderes de igrejas, incluindo dois oficiais de igrejas, todos de diferentes igrejas de matriz africana em Dublin, para recolher dados sobre a consciencialização do acesso físico aos edifícios das igrejas para os utilizadores de cadeiras de rodas. Os grupos de discussão diferem em muitos aspectos das entrevistas individuais, porque os participantes no grupo actuam em resposta à contribuição dos outros, bem como à pergunta feita. Os participantes num grupo de discussão reflectem sobre a questão levantada e as suas opiniões sobre o assunto (Blaikie, 2010). A ideia é expandir o tópico inicial e, ao mesmo tempo, gerar novas ideias sobre o tema (Morgan, 1996). Por outro lado, Pope e Mays (1995) reconhecem um inconveniente num grupo de discussão, uma vez que pode silenciar as vozes individuais, embora possam ter opiniões diferentes. A fim de permitir que cada participante falasse, utilizei a ordem dos lugares para fazer perguntas e também para receber os contributos dos participantes. O grupo de discussão foi muito interessante, tal como McLafferty (2004) afirmou, uma dinâmica de grupo e uma interação positivas melhoram a recolha de dados, pelo que adoptei esta estratégia. Alguns membros do grupo contribuíram para os pontos de vista dos outros participantes e deram novas opiniões durante a entrevista.

Recolha de dados: Utilizadores de cadeiras de rodas

No total, foram abordados 8 utilizadores de cadeiras de rodas e 5 consentiram em participar. Todas as entrevistas foram gravadas e duraram entre 45 minutos e 1 hora, com exceção de uma em que foram tomadas notas. As entrevistas tiveram lugar no local de residência do participante. As entrevistas foram realizadas numa base individual, num local conveniente para os participantes (na sua maioria, em casa). Os 5 utilizadores de cadeiras de rodas foram encaminhados por líderes da igreja. Três receberam a folha informativa por correio eletrónico e os restantes dois por entrega pessoal nas suas moradas. Foi dado um prazo mínimo de duas semanas a todos os participantes para tomarem a sua decisão. O guião da entrevista semi-estruturada dos utilizadores de cadeiras de rodas (Anexo E) começou com perguntas relacionadas com os benefícios do culto como cristãos e continuou com as experiências de acesso físico. Isto permitiu que os utilizadores de cadeiras de rodas partilhassem as suas experiências de uma forma que sugerisse como os problemas de acessibilidade poderiam ser resolvidos.

À medida que as entrevistas decorriam e que surgiam novos temas, o guião da entrevista aos utilizadores de cadeiras de rodas foi modificado e melhorado para ter em conta questões pendentes e captar novos pensamentos, à medida que as ideias começavam a surgir dos participantes. O estudo envolveu participantes, maioritariamente de origem africana, que vivem na área metropolitana de Dublin. Quase todos eram membros activos de igrejas de matriz africana, com exceção de apenas um utilizador de cadeira de rodas, cujos pais africanos visitavam normalmente a maioria destas igrejas a convite de amigos. Uma vez terminadas as entrevistas exaustivas aos cinco utilizadores de cadeiras de rodas, decidi utilizar os dados obtidos e não recolher mais dados, uma vez que o ponto de saturação tinha sido atingido e não surgiam novas informações. Quatro das cinco entrevistas foram gravadas em áudio, com exceção de um dos pais de um utilizador de cadeira de rodas que não concordou com a gravação em áudio, mas aprovou a tomada de notas.

Recolha de dados: Pastores e líderes de igrejas

Um total de 16 pastores e líderes de igrejas foram convidados a participar neste estudo. Embora quase todos tenham mostrado interesse em participar no estudo, apenas 9 consentiram em participar. O grupo de discussão dos pastores e líderes das igrejas durou cerca de 60 minutos, com gravação áudio, e inquiriu sobre o acesso físico aos centros de culto e sobre a forma como os utilizadores de cadeiras de rodas participam e utilizam as instalações nas actividades da igreja. Os líderes das igrejas foram questionados sobre a melhor forma de proporcionar acesso físico e serviços de apoio aos utilizadores de cadeiras de rodas, de modo a que se sintam bem-vindos. O grupo de discussão dos líderes da igreja foi realizado em 30th de junho de 2014, utilizando um guia de entrevista de grupo de discussão para se envolver com os pastores e líderes (Anexo F). Os líderes das igrejas que participaram deram informações sobre as dificuldades de proporcionar acesso físico aos utilizadores de cadeiras de rodas. O grupo de discussão foi um método muito económico para obter opiniões de vários participantes num período de tempo limitado.

Análise de dados

Este estudo utilizou uma análise de conteúdo indutiva para dar sentido aos dados recolhidos. Krippendorff (2004) define a análise de conteúdo como um método de estudo que permite tirar conclusões com base em suposições adequadas a partir de textos. O estudo utiliza um processo de três fases: preparação, organização e elaboração de relatórios. Polit e Beck (2004) referem que a preparação começa com a seleção da unidade de análise e a decisão de analisar apenas o conteúdo manifesto ou latente. O processo continuará com a organização dos dados, a abertura do código, a criação de categorias e a abstração. Por fim, o estudo será relatado através da eliminação de demasiadas coisas diferentes numa categoria (Burns e Grove, 2005).

Identificação de dados

A fim de obter resultados reais, foram recolhidos dados qualitativos de aproximadamente 28 000 palavras de dados de 9 participantes num grupo de discussão e 5 entrevistas individuais. Hsieh e Shannon (2005) descrevem a análise de conteúdo qualitativo como a interpretação subjectiva de dados de texto através de um processo de categorização lógica de codificação e descoberta de ideias ou padrões. Os principais temas identificados no decurso do recrutamento, das entrevistas e do grupo de discussão ajudarão a analisar os dados recolhidos. A análise de conteúdo identifica o material textual, reduzindo-o a pequenos fragmentos de dados relevantes e geríveis (Webber, 1990). Após a transcrição dos dados das entrevistas áudio, a análise de conteúdo foi encarregue de categorizar a informação recolhida.

Limitações

O processo de estudo deparou-se então com muitos contratempos. A amostragem em bola de neve utilizada pode significar que apenas os utilizadores de cadeiras de rodas que têm fortes laços sociais participaram, o que pode não ser um verdadeiro reflexo dos problemas de acesso físico enfrentados pelos imigrantes utilizadores de cadeiras de rodas em Dublin. Kantz (2006) deixou claro que o enviesamento é inevitável na amostragem em bola de neve.

A fim de atenuar os principais preconceitos de referência, os participantes efectivos foram selecionados a partir das comunidades africanas mais vastas de Dublin antes da realização das entrevistas. Além disso, o estudo não podia evitar que os pais dessem experiências subjectivas em nome dos filhos menores de 18 anos, uma vez que 60% dos utilizadores de cadeiras de rodas que participaram eram menores. Três adultos utilizadores de cadeiras de rodas recusaram-se a participar no estudo, o que poderia ter resolvido a questão da subjetividade dos familiares. O investigador considerou que os sentimentos destas crianças também poderiam ter acrescentado dados ricos. O número de participantes em cadeiras de rodas foi baixo e todos são originários da África Ocidental. O grupo de discussão também deveria ter sido constituído por, pelo menos, dois, abrangendo muitos países, mas o estudo apenas teve dois países diferentes representados. Acima de tudo, a falta de literatura ou de dados existentes sobre o tema constituiu um desafio para o estudo. Em conclusão, embora este estudo tenha admitido a existência de algumas limitações, também contribuiu para a teoria existente para investigação futura.

Considerações éticas

A aprovação ética foi recebida no dia 12th de maio de 2014 pela Escola de Serviço Social e Política Social e as alterações recomendadas pelo comité de ética (Tabela 3.3) foram abordadas de acordo com as diretrizes recebidas do conselho de ética.

Secção	Alteração
Questão de investigação	Esta foi revista para abranger ambas as cadeiras de rodas utilizadores e participantes nos grupos de discussão
Ficha de informação	Foi abordada a questão da confidencialidade dos participantes incluindo dados pessoais
Ficha de informação	Quanto à questão da confidencialidade, foi corrigido o facto de o examinador ter pleno acesso a todas as informações fornecidas
Aprovação da igreja	A aprovação de uma igreja para ser identificada foi retirada para proteger o anonimato dos participantes ou da igreja

Formulários de consentimento da agência	Alterado para: o pastor permite que os membros sejam abordados
Duas fichas de informação	Foram elaboradas fichas de informação separadas, uma para os utilizadores de cadeiras de rodas e outra para os responsáveis da igreja

Quadro 3.3: Recomendações e alterações do Conselho de Ética

Fui obrigado a abordar todas as questões éticas levantadas durante esta investigação de acordo com as diretrizes éticas de investigação da Escola de Serviço Social e Política Social. Estava também vinculado à Lei de Proteção de Dados de 1988, tal como alterada em 2003. Tinha o dever de proteger os interesses dos participantes neste estudo e de comunicar os meus resultados de forma precisa e honesta. Foi obtido o consentimento dos participantes para participarem no estudo, bem como a autorização para utilizar um gravador de voz durante as entrevistas. Apesar do facto de as perguntas do estudo não dizerem respeito à vida privada dos indivíduos, tratei os participantes do estudo com respeito e dignidade. Como afirmação deste facto, criei um Formulário de Consentimento, no qual declarei a forma como lidaria com as respostas anónimas. Os participantes que se dispuseram a fazer parte deste estudo receberam uma explicação exaustiva e assinaram um Formulário de Consentimento para testemunhar a sua compreensão (Anexo B). Uma mãe que deu o seu consentimento em nome do seu filho menor utilizador de cadeira de rodas discordou da gravação áudio por razões pessoais e consentiu que fossem tomadas notas. Como as crianças com menos de 18 anos não estavam autorizadas a participar, o progenitor pode dar o seu consentimento em nome da criança. Neste caso, o pai tinha o mesmo direito que a criança, pelo que a sua opinião foi altamente respeitada e foram tomadas notas. Houve cerca de três adultos utilizadores de cadeiras de rodas que foram referidos pelos membros da sua igreja, mas recusaram-se a participar no estudo e nenhuma das suas informações faz parte deste estudo.

Rigor e fiabilidade

A subjetividade, os significados e as percepções do sujeito são significativos no estudo qualitativo, e é dever do investigador aceder a eles (Shenton, 2004; Krefting, 1991). Para garantir a veracidade da investigação, o investigador procurou obter a verificação dos participantes e baseou-se rigorosamente na revisão por pares ao longo do estudo antes de comunicar os resultados. Tal como referido por Ortlipp (2008), o enviesamento no estudo qualitativo continua a ser contestado nos textos de metodologia e há falta de acordo quanto à quantidade de influência do investigador que é satisfatória, à necessidade de a proteger e à forma como pode ser comunicada. Os participantes responderam a todas as perguntas que lhes foram colocadas sem se sentirem relutantes, depois de os áudios terem sido transcritos, eu queria que eles verificassem os dados que forneceram, mas não tiveram tempo.

Miles e Huberman (1994) salientaram que, até à data, a questão da autossuficiência nas conclusões não desapareceu. Por conseguinte, o investigador viu a necessidade, uma vez que o valor da verdade na prática é sempre recebido a partir da descoberta de experiências pessoais conhecidas por aqueles a quem os dados foram retirados. Foram feitos todos os esforços para que alguns dos participantes do grupo de discussão verificassem os dados transcritos para ver se tudo tinha sido captado, mas não puderam ajudar neste momento. Por outro lado, a mãe de um utilizador de cadeira de rodas, depois de lhe ter explicado que seria necessário rever as notas tiradas durante a entrevista com ela, foi marcada uma hora e foi durante esta reunião que se chamou a atenção do investigador para o facto de a palavra (ele/ela) estar a ser usada indistintamente.

Tal como referido na secção de recrutamento, o investigador utilizou todas as seguintes abordagens: recrutamento, recolha de dados, amostragem e análise de conteúdo. Os restantes não dispunham de tempo e disseram que sabiam que era por isso que se utilizava a gravação áudio, e eu respeitei a resposta. Anotei alguns pontos durante as entrevistas, que referi sempre como se enquadravam na informação recebida dos participantes, embora os sentimentos, atitudes e opiniões dos participantes não tenham sido constantes ao longo do processo.

O papel do investigador

Como membro da comunidade africana na Irlanda e membro ativo de uma igreja de matriz africana em Dublin, neste estudo, considerei o meu papel como um instrumento de recolha de dados (Denzin e Lincon, 2003) mais do que qualquer outra coisa. Embora a maioria dos participantes, especialmente os líderes da igreja, me conhecessem antes da investigação, mas pelo conteúdo da folha de informação, do formulário de consentimento e das explicações dadas, puderam reconhecer o meu papel profissional ao longo do estudo. Como estudante investigador de ciências sociais, tentei manter-me neutro para limitar a questão dos preconceitos culturais. Entretanto, como a cultura pode moldar a vida dos indivíduos, tive curiosidade em conhecer a sua influência no tema estudado. Além disso, como existem muitos países em África, há centenas de culturas diferentes em todo o continente. Tendo em conta este facto, fui cuidadoso devido às diferenças culturais. Como a maioria dos participantes, sobretudo os utilizadores de cadeiras de rodas, têm outras preocupações (Morse e Field, 1995), como a assistência social e coisas como uma consulta no hospital que se atrasou, pensavam que este estudo os poderia ajudar, mas conhecendo os meus limites profissionais como estudante investigador (Dickson-Swift et al., 2006), disse-lhes que a investigação era para trabalho académico e que podiam falar com o seu médico de família ou assistentes sociais. Culturalmente, a deficiência é uma questão sensível no seio da comunidade africana e, tal como Julie Livingston (2006) afirmou, África é um grande continente e um lugar diverso, e a deficiência é um tema complexo sobre o qual é difícil falar ou escrever de forma perfeita.

Conclusão

Este capítulo descreveu a metodologia de investigação, a utilização da amostragem em bola de neve para selecionar os potenciais participantes e a forma como as questões de estudo foram exploradas nesta investigação. Foram apresentadas as abordagens de recolha de dados e o modelo utilizado para selecionar os participantes, incluindo o procedimento de análise dos dados. Foram explicados os antecedentes do estudo, no que diz respeito à comunidade em estudo, bem como a sua compreensão cultural em relação ao estudo. O capítulo termina com as conclusões dos dados recolhidos através deste estudo qualitativo. O diagrama temático é apresentado a seguir.

CAPÍTULO 4: CONCLUSÕES

Introdução

Este capítulo apresenta as conclusões em relação às principais questões que se seguem:

1. Na sua opinião, quais são os problemas que os utilizadores de cadeiras de rodas enfrentam em relação à frequência da igreja?

2. Que experiência tem você/seu filho ou filha no acesso à sua igreja?

3. Quais são as experiências dos líderes da igreja relativamente à presença de pessoas com deficiência na sua congregação?

4. Que problemas enfrentam os líderes das igrejas que os impedem de proporcionar acesso físico aos utilizadores de cadeiras de rodas?

Este capítulo abordará cinco temas principais: falta de acesso, percepções e atitudes, apoio da igreja, barreiras aos locais de culto e actividades e participação. Em conjunto, os subtemas dos temas principais representam tanto os utilizadores de cadeiras de rodas como os líderes das igrejas. Também se fará uma comparação constante entre os líderes das igrejas e os utilizadores de cadeiras de rodas.

Diagrama 4.1: Principais Temas dos Utilizadores de Cadeiras de Rodas e dos Líderes da Igreja

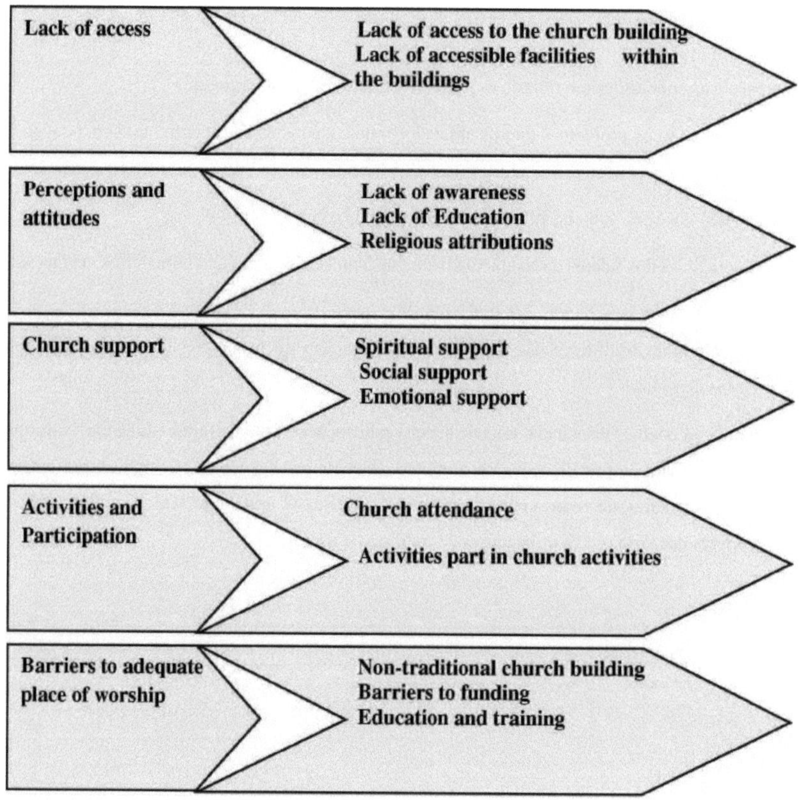

Falta de acesso

Dois subtemas emergiram da falta de acesso às igrejas lideradas por africanos: o acesso físico aos edifícios e o acesso às instalações das igrejas.

Falta de acesso físico aos edifícios

Este tema indica que a maior parte das igrejas de matriz africana são inacessíveis aos utilizadores de cadeiras de rodas, e a barreira de acesso físico mais comum aos serviços religiosos foi considerada como sendo as entradas e instalações inadequadas dos edifícios dentro das igrejas. A negação do direito dos utilizadores de cadeiras de rodas a frequentarem os serviços religiosos e, assim, a fazerem parte da comunidade eclesial mais alargada foi reconhecida como um dos principais problemas. Mary, a mãe de um utilizador de cadeira de rodas, afirmou

"*em alguns casos as igrejas não são acessíveis, em alguns casos a acessibilidade é um problema... a igreja lá em cima, naquela zona, porque a igreja é lá em cima [e] não há elevador, por isso tenho de a levar ao colo. Nesse caso, não há condições para pessoas em cadeira de rodas*" (Mãe da Maria, junho de 2014).

Neste caso, a mãe de Maria não tinha outra alternativa para chegar à igreja e beneficiar da cerimónia, a não ser levantar o bebé e a cadeira de rodas. Uma questão semelhante de acesso físico foi levantada por uma mãe cuja filha utiliza uma cadeira de rodas. Ela afirmou:

"*Nas igrejas africanas não há elevadores, mas isso não nos impede de ir à igreja na minha, para a minha igreja, a entrada não é livre. Houve uma altura em que eu ia cair com o meu filho, segurei o bebé e feri-me. Há um degrau onde levanto sempre a cadeira de rodas. Tenho sempre de a levantar e de a baixar*" (Mãe de Rebeca, junho de 2014).

A mãe de Rebecca continua a levar a filha à igreja, apesar de o acesso ser um problema e de a experiência de se magoar ter sido expressa de forma negativa. Ela disse como salvou Rebecca e o que sentia em relação ao seu bebé. Um adulto utilizador de cadeira de rodas (Joshua), que era um membro ativo da igreja até adoecer no verão passado, também sublinhou a importância de melhorar o acesso físico para todas as pessoas, uma vez que isso o impedia de ir à igreja. Joshua disse:

"*O local onde estou a adorar agora é bastante infeliz; não têm acesso a cadeiras de rodas ou qualquer disposição para uma pessoa que esteja numa cadeira de rodas chegar à igreja.* (Joshua, junho de 2014).

Os outros dois participantes, quando questionados sobre as suas experiências de acesso a igrejas lideradas por africanos em Dublin, fizeram os seguintes comentários

"*Tenho de subir e não há elevador, por isso tenho de subir as escadas, por isso as pessoas em cadeira de rodas não podem ir a essa igreja. Têm de ser transportadas, o que não é /seguro/... Eu utilizava outros meios, saía da cadeira de rodas com calços e a minha perna, subia uma a uma... Posso escorregar, posso cair a qualquer altura*" (Sarah, junho de 2014).

Sarah partilhou a sua experiência na antiga igreja onde costumava ir ao culto. Ela precisava de se deslocar com todo o seu equipamento de mobilidade para poder ter acesso a um serviço religioso.

O pai de Moisés também partilhou isso:

"não há nenhum problema na sede onde eu cultuo, mas nós temos, encontramos problemas noutras igrejas, quando nos convidam para outros programas e coisas assim. Essas igrejas, isso é no primeiro andar ou numa escada antes de ir para a assembleia" (Pai Moisés, junho de 2014).

O pai de Moses, quando visita as igrejas de matriz africana em Dublin com o seu filho que se desloca em cadeira de rodas, fica profundamente perturbado por não haver elevador ou qualquer outro meio alternativo de acesso para além de subir escadas. Os utilizadores de cadeiras de rodas, que não podem aceder ao auditório da igreja, não se sentirão motivados a ir à igreja. De um modo geral, parece que as experiências dos utilizadores de cadeiras de rodas no acesso a estas igrejas não são satisfatórias, devido aos múltiplos problemas que encontram no ambiente físico.

Experiência dos líderes da Igreja

Quanto à questão da acessibilidade para os utilizadores de cadeiras de rodas, durante a entrevista do grupo de discussão, um pastor descreveu incidentes semelhantes ocorridos na sua igreja:

"....mas há um rapaz muito novo, de doze anos, que anda numa cadeira de rodas. Em algumas ocasiões, quando a mamã quer ir à igreja, tenho de ir lá abaixo carregar a cadeira de rodas e trazê-lo para cima. Talvez, se tivermos algo como um elevador de escadas ou algo do género, ele tenha de se sentar e subir as escadas" (Filipe, junho de 2014).

Esta experiência foi igualmente confirmada pelo Pastor Philip, que também mencionou a necessidade de instalações como um elevador de escadas para evitar ter de carregar alguém para cima.

Falta de instalações acessíveis nos edifícios

As barreiras à utilização efectiva e a falta de instalações nos locais de encontro têm um grande impacto na participação dos utilizadores de cadeiras de rodas nas actividades que decorrem nesses centros. Os participantes em cadeira de rodas não só se mostraram limitados como acrescentaram que mesmo as instalações básicas são inacessíveis.

No que se refere às casas de banho e aos vestiários, os utilizadores de cadeiras de rodas disseram que se sentiam excluídos por não poderem utilizá-los com a mesma facilidade que os outros membros da igreja. Perguntaram à mãe de um participante: costuma mudar o seu bebé na igreja? Ela respondeu:

"nem por isso, porque não há um fraldário em condições; uma vez tive de a mudar e o único sítio para mim era o corredor onde as pessoas passavam e não era conveniente e, desde então, tenho-me abstido de o fazer" (mãe de Rebecca, julho de 2014).

"As casas de banho não são para pessoas em cadeira de rodas. São estreitas, se estivermos numa cadeira de rodas e quisermos entrar, é quase impossível" (Mãe da Maria, junho de 2014).

Caraterísticas como a largura adequada das portas, elevadores e rampas foram reveladas como coisas que dariam aos utilizadores de cadeiras de rodas acesso às reuniões da igreja, mas que raramente são vistas nos seus locais de culto. Ao responder à pergunta, que tipo de apoio ou instalações de acesso para pessoas em cadeira de rodas tem a sua igreja? O Pastor de uma igreja afirmou,

"Tenho de voltar e avaliar a minha situação, porque as portas..., as rampas têm de ser feitas, o que não fizemos... se as autoridades investigarem os locais, muitas das nossas igrejas serão encerradas" (Tomé, junho de 2014).

Joshua, que já pôde ir à igreja e agora usa uma cadeira de rodas, diz o seguinte quando lhe pedem para explicar porque é que não pode ir à igreja neste momento:

"Se eu for à igreja, por exemplo, a igreja é no andar de cima e não há maneira de eu chegar ao salão da igreja e se me acontecer alguma coisa, como ir à casa de banho, não há acesso para cadeiras de rodas, por isso, nesse caso, não é conveniente para mim" (Joshua, junho de 2014).

Joshua, para além de saber que não pode aceder fisicamente à igreja, sabe definitivamente que existem barreiras nas instalações sanitárias da igreja, o que o impossibilita de assistir aos serviços religiosos. O Pastor Mathew disse ainda que "*as instalações sanitárias não estão bem colocadas, por exemplo, esta igreja fica no andar de cima, pelo que alguém em cadeira de rodas que frequente esta igreja não conseguirá ir à casa de banho*" (Mathew, junho de 2014). Do mesmo modo, o Pastor Paul afirmou que:

"*se eles querem ir à casa de banho torna-se uma luta [para] todos os membros da igreja, levar uma rapariga de 15 anos numa cadeira de rodas para ir à casa de banho era difícil, por isso eles têm de ficar em casa para nós os irmos visitar*" (Paulo, junho de 2014).

O Pastor Philip concluiu: "*também não temos instalações sanitárias para eles; devo dizer que não somos amigos das pessoas com deficiência*" (Philip, junho de 2014).

Dos catorze participantes nas entrevistas e no grupo de discussão, apenas uma pessoa em cadeira de rodas, Sarah, e um pastor da igreja, Timothy, disseram que têm uma casa de banho para deficientes construída propositadamente no local onde prestam culto. As instalações foram vistas como algo que poderia promover a inclusão nas igrejas. Todos os participantes, incluindo os do grupo de discussão, atestaram que as instalações dos locais de culto não são completamente acessíveis aos utilizadores de cadeiras de rodas. Muitos deles afirmaram que têm um amplo espaço no parque de estacionamento, mas não há nada como um estacionamento designado para deficientes:

"*Não há estacionamento especial*" (Mãe da Maria, junho de 2014).

"*Eles não têm nenhum lugar designado*" (Joshua, junho de 2014).

Alguns líderes da igreja também confirmaram o que os utilizadores de cadeiras de rodas disseram: "*não o marcámos*" (Timóteo, junho de 2014). "*Precisamos de ter lugares de estacionamento marcados para eles*" (Mark, junho de 2014).

O pai de Moses recordou memórias negativas do estacionamento quando ele e o seu filho, que usa uma cadeira de rodas há muitos anos, visitaram algumas igrejas de matriz africana. Disse ele:

"*eles não têm instalações, eh, eh, eh se eu tenho de ir de carro, tenho de estacionar, em todo o lado que vejo que há espaço ou mesmo se não vi um lugar, tenho de estacionar na rua. Tenho de descer a pé*" (Pai de Moisés, junho de 2014).

A mãe de Rebecca, ao partilhar a sua experiência como mãe que leva a criança à igreja, diz

"*às vezes temos de estacionar à distância, e um dia eu queria estacionar num lugar e os contínuos disseram-me que não podia estacionar ali porque esses lugares estavam reservados para os hóspedes*" (Mãe de Rebecca, junho de 2014).

Durante as entrevistas individuais com os utilizadores de cadeiras de rodas e o grupo de discussão, muitos participantes expressaram explicitamente a sua preocupação com a falta de acesso físico. Falaram não só das entradas destas igrejas, mas também das comodidades e instalações existentes nestes locais, que criam tantas barreiras.

Percepções e atitudes em relação às pessoas com deficiência

Das percepções e atitudes emergiram três subtemas. São eles a falta de consciencialização, a educação e as atribuições religiosas.

Falta de sensibilização

Os líderes da igreja neste estudo demonstraram uma falta de consciência das diversas necessidades e interesses dos utilizadores de cadeiras de rodas. Foram mencionadas questões como a segurança, a ignorância, o desrespeito e a falta de preocupação. Quando os líderes das igrejas foram questionados, durante o grupo de discussão, sobre as suas experiências relativamente às pessoas com deficiência, as respostas foram variadas:

"*Senti que temos de ser tão empáticos para com as pessoas, que eu diria que têm alguns desafios*" (Eunice, junho de 2014).

Enquanto Eunice tinha um sentido de responsabilidade para com as pessoas com deficiência, o Pastor Luke, por outro lado, tinha uma visão diferente, disse ele:

" *Sim, tivemos uma situação... ela é uma adolescente... rezámos por ela, mas ela não consegue conviver com toda a gente, por vezes temos de a levar para o departamento de crianças e isso estava a afetar a mãe*" (Luke, junho de 2014).

Alguns dos pastores também pensaram que o facto de não se ter um utilizador de cadeira de rodas não significa que se tenha de tomar as medidas necessárias para essas pessoas.

"*Não, não temos de todo e, por essa razão, nem sequer nos ocorreu tomar medidas adequadas para estas pessoas. De facto, este estudo esclareceu-me para fazer algo a esse respeito*" (Tomás, junho de 2014).

Outros pastores também querem dar apoio mas, por vezes, não têm os conhecimentos e as competências necessárias para ajudar na maioria dos casos, o pastor contou as suas abordagens com pessoas com deficiência:

"*Nunca soube que ele tinha um aparelho auditivo num dos ouvidos, por isso, este mês de junho, operaram o outro ouvido, o que significa que ele não tem ouvido do outro ouvido e está connosco há mais de quatro anos? Outra mulher que é cega.*

Tenho de ir lá abaixo pegar-lhe ao colo, mas ela está sempre a dizer que não. Mas há um rapaz muito novo, de doze anos, que está numa cadeira de rodas. Tenho de ir lá abaixo carregar a cadeira de rodas e trazê-lo para cima" (Filipe, junho de 2014).

Este pastor ficou surpreendido por não estar a par das necessidades de um membro, que ele serve há quase quatro anos. A opinião de outro pastor sobre a melhor forma de abordar uma questão com utilizadores de cadeiras de rodas foi:

"*Tenho pessoas com deficiência e pessoas idosas. Quando precisamos de arranjar outro lugar e era no andar de cima, as pessoas idosas não podem subir, têm de ficar em casa, as pessoas em cadeira de rodas não podem ser levadas para cima e, por vezes, tenho de deixar o alterne e ir ter com elas ao andar de baixo para as levantar*" (Paulo, junho de 2014).

No caso do Pastor Paul, revelou-se que mudar a igreja para o andar de cima não era o melhor para os utilizadores de cadeiras de rodas. Foi notado que não são apenas os utilizadores de cadeiras de rodas que enfrentam problemas de acesso às igrejas de matriz africana, mas que, a certa altura da vida, a mobilidade será um problema, uma vez que os actuais membros capazes envelheceram.

Falta de educação

O Pastor John partilhou a sua opinião e experiência, afirmando

"Quando uma pessoa com deficiência vem à igreja, não veio para ser curada, veio para adorar a Deus como uma pessoa de corpo inteiro... não devemos vê-las como se tivessem vindo à procura de um milagre. Eu não tenho qualquer contacto com pessoas, pessoas com deficiência, de todo. Por isso, quando comecei a ter contacto com elas, tive dificuldade em relacionar-me com elas, até ser educado" (John, junho de 2014).

Atribuições religiosas

O Pastor Timothy apoiou a necessidade de educar os indivíduos sobre as necessidades das pessoas com deficiência quando disse:

"*Também eu tenho uma pessoa com uma deficiência há muitos anos. temos de educar o nosso povo por causa dos antecedentes culturais. graças a Deus, a senhora foi capaz de dizer a toda a igreja porque é que ela é assim. isso ajudou toda a igreja a perceber que ela não era um ataque demoníaco ou qualquer outro problema com Deus*" (Timóteo, junho de 2014).

A falta de conhecimento dos líderes é demonstrada pela sua vontade de pedir a uma pessoa com deficiência que declare publicamente por que razão adquiriu a sua deficiência. Mark, um líder, acrescentou que, embora a sua igreja não tenha um membro regular com uma deficiência, recordou que: *"temos alguém que nos visita, mas a sua deficiência é que não está numa cadeira de rodas; consegue andar, a não ser que lhe tirem as pernas"* (Mark, junho de 2014). Aqui, isto mostra que as necessidades das pessoas com deficiência são reconhecidas principalmente pelos membros habituais da igreja, mas não pelo público em geral, e que outros têm de fazer ou dizer algo numa congregação para que as pessoas vejam ou saibam que precisam de ser apoiadas, caso contrário a sua presença não será reconhecida e a sua participação será limitada nessas igrejas.

Uma boa atitude para com os utilizadores de cadeiras de rodas ajudá-los-á a sentirem-se incluídos quando os cristãos se reúnem. O comportamento dos outros está a causar danos emocionais aos utilizadores de cadeiras de rodas e às suas famílias. Durante as entrevistas, muitos participantes fizeram as seguintes afirmações ou outras semelhantes:

"Por vezes, os líderes da igreja ou os pastores intimidam-na a si e ao seu bebé. Alguns deles riem-se e, por vezes, fazem como se tivessem o poder de curar o seu bebé e exigem dinheiro... Há discriminação entre a congregação e não só entre os pastores. O meu antigo Pastor disse que, se o seu bebé é deficiente, significa que os pais fizeram algo de mau... Um Pastor disse ao meu marido que eu sou má e que ... o que o meu filho está a passar. Por vezes, nem sequer me sinto capaz de vir, mas porque não quero andar de igreja em igreja" (Mãe de Rebecca, julho de 2014).

Para uma pessoa como a mãe de Rebecca, mudar para uma igreja diferente não era uma opção para ela, porque a mudança de uma igreja para a outra não mudaria nada para ela. Tendo sofrido múltiplas experiências de discriminação na sua própria comunidade, ela descreveu "*no domingo passado, quando estavam a fazer a semana da criança, o meu bebé estava a animá-los a rir, mas eles não deram ao meu bebé alguns dos presentes. Custa-me, mas o que é que eu posso fazer?*" (Mãe da Rebeca, julho de 2014).

Procurando saber por que razão não davam um presente a Rebeca, ela respondeu em voz baixa:

"*Não sei, talvez porque o bebé é deficiente. Quando pediram às crianças para irem ao altar, a minha filha não pôde ir, às vezes algumas crianças ficam a olhar para a minha filha e eu digo-lhes para não olharem assim. Se fosse na escola, eles davam à minha filha, mas aqui, como ela não pode fazer muita coisa, não o fizeram*" (Mãe de Rebecca, julho de 2014).

O tipo de tratamento que a mãe de Rebecca quer que a filha receba não é a prática da direção da Igreja e ela sente-se mal recebida nesse ambiente. Os seus sentimentos sugerem que o tratamento que estão a receber por causa da condição de Rebecca não os faz sentir parte da comunidade da Igreja. As conclusões sobre a atitude em relação às pessoas com deficiência expuseram as percepções da deficiência, incluindo a falta de sensibilização, a falta de educação e os atributos religiosos, que têm o efeito de limitar a participação dos participantes na igreja.

Apoio da Igreja

Surgiram três subtemas sobre o apoio da igreja, nomeadamente o apoio espiritual, social e emocional. Apesar das numerosas barreiras físicas e atitudinais com que se deparam os utilizadores de cadeiras de rodas, continuam a sentir que a igreja é uma importante fonte de apoio e que o facto de os impedir, por atitudes ou meios físicos, de aceder a locais de culto tem um grande impacto sobre eles.

Apoio social

Foi perguntado aos participantes até que ponto acham que o culto congregacional é importante para eles. Algumas das respostas intensas recebidas são as seguintes: "*Vejo as pessoas na igreja como a minha família. Por isso, sinto-me confortável a ir à igreja. A maior parte dos meus amigos são da minha igreja*" (Sarah, junho de 2014). Sarah vê a igreja como um lugar onde pode associar-se a outras pessoas da comunidade. Outros participantes também têm a mesma opinião sobre a igreja. Mary, de acordo com a sua mãe, disse que a sua filha fica sempre feliz quando o domingo se aproxima:

"*ela vê-o como se eu fosse ver os meus amigos, hoje vamos cantar*" (Mãe da Maria, junho de 2014).

Apoio espiritual

O participante retira muito da igreja, especialmente do aspeto espiritual da sua crença. A mãe acredita que levar o filho à igreja é uma dádiva indescritível que os pais podem oferecer aos filhos

"*Portanto, como não estou a ter essa renovação (...) parece-me que estou a ficar um pouco atrasado espiritualmente*" (Joshua, junho de 2014).

A mãe de Maria disse,

"*É a única forma de nos mantermos controlados e equilibrados, lembrando-nos que é aqui que pertencemos, especialmente quando temos filhos. Esta é a melhor prenda que se pode dar a uma criança: quando há um problema, sabe-se que se corre para Deus".* (Mãe de Maria, junho de 2014).

"*Não podemos funcionar sem Deus. Dependemos de Deus para tudo*" (Mãe da Rebeca, julho de 2014).

Apoio emocional

Os comentários do pai de Moisés começaram por se basear na sua crença religiosa e, mais tarde, passou a descrever a igreja dizendo: Bíblia, o Senhor Jesus que seguimos pede-nos para nos reunirmos, como o seu próprio povo, para O adorarmos. ... A igreja é como um hospital, sabe, [fisicamente] quando estamos doentes, vamos ao médico (Pai de Moisés, junho de 2014).

Quando lhe foi pedido que explicasse melhor, disse

"*Por exemplo, vais ao hospital, põem-te a tomar medicamentos para a depressão... falam com o paciente para que ele passe por isso com sucesso. Mas com a minha experiência ... vir à igreja, eleva-me e faz-me ultrapassar o meu problema, sem drogas, sem nada, . ligação espiritual com a sua crença*" (Pai Moisés, junho de 2014).

Nas suas explicações contínuas sobre os benefícios, Moisés falou sobre alguns dos instrumentos que a igreja utiliza para cumprir os seus serviços:

"*a igreja que eles usam, a oração, o, o apoio constante, como telefonemas, como falar, coisas assim, então isso traz-te para cima e tu sabes, tu conheces as pessoas à tua volta e isso é importante neste tipo de situação*" (Pai Moisés, junho de 2014).

" dá-me a inspiração de que, pelo menos, se for à igreja, serei muito mais feliz" (Joshua, junho de 2014).

Há outras razões significativas pelas quais as pessoas não se podem dar ao luxo de não ir à igreja. Para além dos benefícios sociais, há também outros benefícios espirituais. Numa entrevista com uma mãe cujo bebé usa uma cadeira de rodas, ela descreveu a sua fé como

"*Quero que Deus intervenha a nosso favor. Quero que Deus cure o meu bebé. que me conceda favor, proteção, vida longa, boa saúde e dinheiro*" (Mãe da Rebeca, julho de 2014).

A mãe está exclusivamente à procura de Deus, não só para curar Rebecca, mas para melhorar a sua qualidade de vida quotidiana, que está nas mãos de Deus. Quando perguntaram a Joshua como é que ele compara estar na igreja e ouvir ao telefone? Ele disse;

"Se virmos alguém a adorar fielmente ou felizmente, isso também nos dará o impacto de ter o mesmo tipo de fé para adorar, por isso gostaria que estar lá diretamente fosse melhor do que ouvir ao telefone" (Joshua, junho de 2014).

De um modo geral, os participantes nas cadeiras de rodas vêem a igreja como uma fonte de apoio social, espiritual e emocional. Afirmaram que a igreja lhes serve de família. Outro diz que a igreja é como um hospital onde se pode recuperar física e espiritualmente.

Actividades e participação

As pessoas deparam-se, na sua vida quotidiana, com restrições à participação e à atividade. Este é um problema que os utilizadores de cadeiras de rodas enfrentam em muitas circunstâncias. Participar nas actividades da igreja foi algo que os participantes consideraram muito importante para a sua vida espiritual, social e física.

Frequência da Igreja

Ouvindo as respostas dos participantes na cadeira de rodas à pergunta "Com que frequência vão à igreja? Houve diferenças nas respostas, que mostram como o culto congregacional é importante para eles.

"*Vou à igreja pelo menos três vezes por semana*" (Sara, junho de 2014).

"Vamos à igreja todos os domingos, ela está sempre feliz" (Mãe da Maria, junho de 2014).

"*Duas vezes por semana, sexta-feira e domingo, mas quando há um programa, vou todos os dias, por exemplo, neste momento estamos a fazer 21 dias de jejum, por isso venho mais vezes e, no fim de cada mês, a vigília nocturna*" (Mãe de Rebecca, junho de 2014).

"Ele vem basicamente todos os domingos, só se estiver no descanso" (Pai Moisés, junho de 2014).

A frequência da igreja foi classificada como parte da participação dos utilizadores de cadeiras de rodas e, apesar das barreiras enfrentadas, têm ido à igreja quase todos os domingos, com exceção de Joshua, que não tem meios para entrar no salão da igreja devido a problemas de acessibilidade no seu local de culto.

"*... no "momento não posso ou não vou à igreja*" (Joshua, junho de 2014).

Participar nas actividades da Igreja

Os participantes também falaram de restrições à sua participação, que variam entre pessoas qualificadas para cuidar de um utilizador de cadeira de rodas ou a falta de recursos necessários para lhes permitir participar.

"*... eu era professora da escola dominical na minha igreja*" (Sarah, junho de 2014).

"ela brinca com as crianças, fica feliz quando elas são boas para ela... " (Mãe da Maria, junho de 2014).

Já não posso limpar as instalações da igreja. Não posso participar na maioria das actividades. Não há nada que o bebé possa fazer, porque as crianças estão no primeiro andar com escadas" (Mãe de Rebecca, junho de 2014).

Embora os pais tenham reconhecido que as crianças gostam de ir à igreja, disseram que as crianças têm actividades limitadas. Os pais afirmaram que nem eles nem os seus filhos podem participar plenamente devido à falta de apoio na igreja.

Os utilizadores de cadeiras de rodas mostraram a importância da integração através da igreja e também como isso melhoraria as suas vidas sociais, espirituais e físicas, se os líderes lhes dessem a oportunidade de se sentirem pertencentes à comunidade da igreja. As barreiras aos locais de culto foram motivo de preocupação para muitos participantes. As pessoas em cadeira de rodas querem participar de forma significativa, contribuindo para a integração efectiva das suas comunidades, mas enfrentam barreiras. Os problemas de acesso às igrejas levaram a que alguns utilizadores de cadeiras de rodas não tivessem outra opção senão ficar em casa. Em concordância, os participantes em cadeiras de rodas manifestaram diversas preocupações e insatisfações por não poderem participar nas actividades da igreja como desejavam, devido a edifícios e caraterísticas inacessíveis e à falta de serviços de apoio associados. No entanto, os líderes da igreja também mencionaram alguns dos principais desafios que estão a encontrar nos seus ministérios.

Barreira aos locais de culto

Três subtemas emergiram das barreiras aos locais de culto, nomeadamente edifícios de igrejas não tradicionais, falta de financiamento e educação e formação.

Edifício de igreja não tradicional

A utilização de instalações industriais como locais de culto foi salientada pela maioria dos participantes nos grupos de discussão.

"*Creio que o maior desafio que estamos a ter (...) é como acomodar (...) alguém numa cadeira de rodas (...) porque a igreja está localizada dentro de uma zona industrial e não há uma forma fácil de entrar*" (Mateus, junho de 2014).

Sim, como eu disse, o facto de estarmos no andar de cima é, de facto, um desafio

sobretudo as pessoas que não podem andar de um lado para o outro" (Filipe, junho de 2014).

"*não temos um lugar permanente onde possamos dizer que isto é nosso, onde possamos reestruturar as coisas da forma que quisermos, por isso é uma coisa que está a prejudicar a comunidade africana, como as igrejas*" (Mark, junho de 2014).

Barreira ao financiamento

No debate do grupo de discussão, quando se perguntou aos pastores e líderes das igrejas, que problemas acha que a sua igreja enfrenta que a impedem de proporcionar acesso físico aos utilizadores de cadeiras de rodas? Algumas das respostas foram as seguintes:

"*... o que realmente nos preocupa é o aspeto financeiro, porque se quisermos criar algo para eles é dinheiro. para fazer uma provisão adequada para eles, não há estabilidade financeira. é dinheiro*" (Paulo, junho de 2014).

"Apercebi-me de que as igrejas africanas precisam de financiamento" (Mark, junho de 2014).

Um líder de uma igreja disse que os africanos são auto-motivadores e estava a perguntar-se como é que, com recursos limitados, o Estado poderia satisfazer as necessidades dos africanos que plantam igrejas com entusiasmo em todo o lado:

"*Se o governo quer mesmo ajudar a situação, devia haver uma disposição, é que os africanos são demasiado vibrantes e dinâmicos, há purificação de igrejas em todo o lado, se não estou enganado, temos mais de 50 igrejas africanas só em Dublin, ou então, como é que eles seriam capazes de financiar, esse é outro fator*" (Lucas, junho de 2014).

A questão da permissão de planeamento e do zoneamento surgiu como um dos problemas que os líderes das igrejas enfrentam quando procuram locais de culto adequados. A este respeito, o Pastor Thomas apoiou a questão levantada pelo Pastor Timothy:

"*Além disso, a autorização de planeamento, se pedires ao teu senhorio uma autorização de planeamento, ele expulsa-te do local, porque esse local não é para a igreja. Este lugar não é para a igreja, se falarmos com o senhorio e dissermos que precisamos de autorização de planeamento, é um grande problema*" (Timóteo, junho de 2014).

Imediatamente após o Pastor Timóteo ter mencionado a autorização de planeamento, o Pastor Thomas interveio e disse:

"*esta questão, eu adoraria que enfatizasse isso, porque esse é um dos desafios; por causa da permissão de planeamento*" (Thomas, junho de 2014).

Outros líderes da igreja acrescentaram:

"*Sim, a maior parte destas estruturas industriais estão de tal forma que não é possível ajustá-las ou alterá-las*" (Mark. junho de 2014).

"*Como no Canadá e nos EUA, eles têm sempre um lugar para as igrejas como parte do seu planeamento e tudo é feito lá pronto... mas aqui [nesta] Irlanda... eles não têm futuro para as igrejas africanas. Se o governo puder dar um passo no sentido de atribuir uma área a uma igreja e disponibilizar financiamento, como fazem para as igrejas católicas e anglicanas, será muito melhor*" (Timothy, junho de 2014).

"*Mesmo que nos tenham dado um certificado de planeamento ou algo para fazer, continuamos a precisar de dinheiro para avançar, por isso, se pudermos contactar um organismo que nos possa ajudar com o financiamento*" (Eunice, junho de 2014).

Estes pastores explicaram que normalmente conseguem encontrar um local de culto, mas o maior obstáculo tem sido sempre a autorização de planeamento.

Barreira à educação e à formação

Um utilizador de cadeira de rodas e um líder de uma igreja testemunharam a necessidade de se estar equipado com as competências necessárias para prestar serviços que incluam pessoas com deficiência. Quando se perguntou ao utilizador de cadeira de rodas como avalia a sensibilização dos líderes para as pessoas com deficiência, o participante respondeu: "Como é que avalia a sensibilização dos líderes para as pessoas com deficiência? O participante respondeu:

"..., quero dizer, na educação, como... quando eles conseguem que outras pessoas os eduquem... para considerar estas pessoas na nossa sociedade... se não conseguissem que as pessoas, quero dizer, os esclarecessem" (Josué, junho de 2014).

No grupo de discussão, foi isto que surgiu:

"Penso que o que realmente aprendi com a experiência da deficiência é que as pessoas à sua volta precisam

de ser educadas... particularmente os líderes e os contínuos ou o que quer que seja precisam de ser educados e... essas pessoas, sentir-se-ão em casa e a vontade de vir e servir a Deus como tu e eu estaremos lá" (John, junho de 2014).

Todos os inquiridos sublinharam a necessidade de ter formação adequada para servir o público. John sublinhou que, se as pessoas com deficiência receberem apoio adequado, ficarão bem instaladas e serão capazes de prestar culto.

Conclusão

Este capítulo detalhou os resultados da investigação no que diz respeito às experiências que podem impedir os utilizadores de cadeiras de rodas de acederem fisicamente às igrejas de matriz africana e à sensibilização dos líderes das igrejas para as pessoas com deficiência. De um modo geral, as explicações dos utilizadores de cadeiras de rodas representaram as suas experiências práticas, que sublinharam que eles pensam que os líderes não prestam especial atenção aos problemas que enfrentam. Os líderes da igreja, por outro lado, salientaram que existem desafios na prestação de serviços à sua comunidade, que incluem, mas não se limitam a: estilo dos edifícios da igreja, financiamento e autorização de planeamento.

CAPÍTULO 5: DEBATE

Introdução

O estudo visava explorar as experiências dos utilizadores de cadeiras de rodas e as perspectivas dos líderes das igrejas relativamente ao acesso físico às igrejas de matriz africana em Dublin. As experiências dos utilizadores de cadeiras de rodas nas igrejas de matriz africana são bastante problemáticas. No entanto, apesar dos problemas, os utilizadores de cadeiras de rodas continuam empenhados nos serviços religiosos. As experiências pouco favoráveis podem afetar o envolvimento ativo dos utilizadores de cadeiras de rodas nas igrejas de matriz africana em Dublin, enquanto a falta de conhecimento e compreensão por parte dos líderes das igrejas também pode levar à discriminação dos utilizadores de cadeiras de rodas. O capítulo de discussão examinará mais aprofundadamente os resultados, relacionando-os com a literatura. O capítulo concluirá com as limitações desta investigação, bem como com recomendações relativas a futuras investigações e reflexões sobre o estudo.

Experiências de acesso físico a igrejas lideradas por África em Dublin

As conclusões desta investigação corroboram o resultado do estudo sobre minorias étnicas na Irlanda efectuado por Pierce (2003), que concluiu que os imigrantes enfrentavam muitas barreiras na sua vida social. Também Garton (2011) descreveu no seu estudo uma visita a uma igreja popular australiana onde encontrou degraus longos e nenhuma rampa para cadeiras de rodas. Nesta investigação, os dados recolhidos indicaram que o acesso físico era um problema para os utilizadores de cadeiras de rodas quando frequentavam a igreja. Estas conclusões implicam que as questões de acesso físico relacionadas com a frequência da igreja noutros estudos são semelhantes às sentidas pelos membros das igrejas de matriz africana entrevistados nesta investigação. As consistências nos estudos anteriores mostram que o que está a acontecer atualmente na Irlanda contraria a CDPD, confirmando que as conclusões que revelaram problemas de acesso físico nas igrejas de matriz africana são preocupações pendentes dos participantes.

Tal como referido pela OMS, o acesso físico aos centros comunitários é muito importante para que as pessoas com deficiência possam participar em reuniões comunitárias.

Problemas de acesso físico aos locais de culto

Experiências de problemas dos utilizadores de cadeiras de rodas

As decisões tomadas pelos utilizadores de cadeiras de rodas de não irem à igreja deveram-se em grande parte à falta de acesso às entradas das igrejas, agravada pelas instalações inadequadas e pela escassez de serviços de apoio disponíveis nessas igrejas. Por exemplo, um utilizador de cadeira de rodas mencionou que não pode ir à igreja porque, mesmo que os líderes o ajudem a subir para o salão da igreja, não há maneira de ele poder usar as casas de banho. Em vez disso, combinou com um amigo ouvir os serviços religiosos no seu telemóvel. Estas práticas estão em contradição com o que foi prescrito no artigo 9.º da Convenção das Nações Unidas sobre os Direitos das Pessoas com Deficiência, que obriga os Estados Partes que ratificaram a convenção a dar às pessoas com deficiência acesso ao ambiente físico, incluindo outras instalações e serviços abertos ao público em geral (Nações Unidas, 2008). Embora a Irlanda não tenha ratificado a convenção, a lei nacional sobre a deficiência (2005) tem a mesma medida, que diz respeito apenas a organismos públicos. Isto pode restringir a promoção da inclusão noutras áreas da sociedade irlandesa.

Na Irlanda, o acesso físico para os utilizadores de cadeiras de rodas nas igrejas locais melhorou graças à Lei de Regulamentação da Construção de 1997, alterada em 2010. No entanto, algumas igrejas podem não ter conhecimento de tais regulamentos, uma vez que as questões de acessibilidade continuam por resolver. As declarações feitas por quatro dos utilizadores de cadeiras de rodas indicam que as instalações dentro das igrejas dificultam a sua participação na vida religiosa. Isto vai desde o fraldário, à casa de banho e ao estacionamento. Para alguns utilizadores de cadeira de rodas, a única opção para mudar o bebé era numa cadeira de rodas, no corredor, onde toda a gente passa.

Isto apesar do facto de a Parte M dos Regulamentos de Construção, tal como alterados (2010), exigir que todos os locais de reunião e outros centros façam alterações que permitam às pessoas com deficiência aceder fisicamente a todos os serviços. O acesso físico para os utilizadores de cadeiras de rodas significa que as pessoas em cadeira de rodas podem entrar e utilizar as instalações de um local de culto de forma independente, sem quaisquer restrições ou barreiras, tais como escadas, portas estreitas e níveis pouco úteis de sinalização e saídas seguras (Graf et al, 2009; Hastings e Thomas, 2005 e Weeks, 2004). Este não foi o caso do participante, que disse que as portas da sua igreja são estreitas e que é impossível entrar com uma cadeira de rodas. No total, apenas um adulto utilizador de cadeira de rodas afirmou que não tem grandes problemas com as instalações, mas que as portas são pesadas para abrir. Ela não se queixou, como os outros utilizadores de cadeira de rodas, no entanto esta utilizadora de cadeira de rodas viu o seu problema como sendo a atitude dos outros na igreja. Isto confirma, de facto, o que Stone (2005) e Peterson (2007) disseram, que embora o acesso físico seja essencial para prestar um serviço inclusivo, a questão principal são as atitudes. Como se viu aqui, não é apenas o acesso físico que impede as pessoas de participarem em actividades sociais, mas a atitude de algumas pessoas também pode ser um obstáculo à participação.

Esta investigação concluiu que, quando os utilizadores de cadeiras de rodas frequentam igrejas de matriz africana, os líderes não sabem realmente como lhes dar o apoio adequado, pelo que os utilizadores de cadeiras de rodas não recebem os dispositivos e equipamentos de que necessitam. Esta questão foi revelada pelo estudo de Esther Murphy (2011), que investigou migrantes com deficiência visual e concluiu que a Irlanda presta um apoio limitado às comunidades étnicas. A NDA (2011) condenou a Lei da Deficiência de 2005, que é a principal legislação sobre deficiência na Irlanda, pelo apoio insuficiente que oferece às pessoas com deficiência (NDA, 2011). Embora a lei vise a participação e a inclusão das pessoas com deficiência nos serviços gerais, a sua aplicação não foi bem analisada em todos os sectores do Estado.

Em vez de equipamento para os serviços, o estudo constatou que os utilizadores de cadeiras de rodas dependem de contínuos para os levantar para os salões das igrejas, abrindo e segurando portas pesadas para que os utilizadores de cadeiras de rodas possam passar por elas. Isto significa que a cadeira de rodas, que a OMS (2008) descreveu como um dispositivo de assistência, que fornece apoio à mobilidade de pessoas com dificuldade em deslocar-se ou andar, foi substituída por seres humanos nas igrejas, deixando a vida das pessoas em risco. Alguns dos utilizadores de cadeiras de rodas parecem não se preocupar muito com isso, mas a questão é que os líderes da igreja também mencionaram que outros utilizadores de cadeiras de rodas deixaram de ir à igreja. A existência de dispositivos de assistência permitiria aos utilizadores de cadeiras de rodas assistir e participar livremente em todas as actividades da igreja.

Acesso físico na perspetiva dos pastores e líderes da igreja

Os líderes da igreja têm experiências negativas em relação ao acesso físico no desempenho das suas funções como ministros, o que por vezes pode exigir ação. Garton (2011), uma utilizadora de cadeira de rodas, ouviu, durante a sua visita à Austrália, o líder de uma igreja local dizer uma vez que não existem problemas de mobilidade na sua congregação e, como tal, não foram tomadas quaisquer medidas. Uma declaração semelhante foi feita nesta investigação, em que um líder de uma igreja disse que não tinha ocorrido à liderança tomar medidas adequadas para alguém que usasse uma cadeira de rodas e admitiu que, como resultado deste estudo, iria fazer algo a esse respeito, porque poderia haver pessoas como essas que querem vir à sua igreja, mas podem não comparecer devido à falta de medidas para elas.

A experiência dos líderes da igreja aponta claramente a razão pela qual as famílias que adoram num ambiente onde existem barreiras decidem por vezes ficar em casa (Collins e Ault, 2010). O conselho que Cones (2013) deu foi que as igrejas não devem assumir que todos os membros serão pessoas "capazes".

A planta do edifício pode não permitir a presença de pessoas com problemas de mobilidade, mas pequenas alterações poderiam também encorajar as pessoas com dificuldades de locomoção a juntarem-se ao povo da Assembleia de Deus. Muitas congregações têm muitos problemas em comum Ludwig (2012), incluindo o facto de não proporcionarem acesso universal a todos. Um dos ministros notou que os utilizadores de cadeiras de rodas que não podiam ser transportados para cima abandonavam a igreja. Em muitas ocasiões, esse ministro teve de deixar o seu altar e ajudar a levar os membros da igreja para cima. Apesar de o pastor acreditar que estava a fazer o melhor para esse membro, ele não aguentava mais e abandonava a igreja. Isto mostra que a integração social destas pessoas é sempre um desafio se a igreja não as conseguir acolher (Appieby, 2011; Mensah, 2011 e Yang, 2011).

Atitude em relação aos utilizadores de cadeiras de rodas

Apesar de muitos imigrantes se terem deparado com estigmatização e segregação por parte dos países de acolhimento, muitos dos próprios imigrantes têm uma má atitude em relação às suas próprias pessoas com deficiência (OMS, 2011). Os utilizadores de cadeiras de rodas são vítimas de discriminação devido às crenças religiosas dos outros. Apesar da atitude negativa de alguns líderes e membros, os participantes neste estudo mostraram vontade de ir à igreja. Uma crença cultural revelada durante esta investigação foi a de que a deficiência é uma maldição de Deus e, como tal, as pessoas não querem aproximar-se daqueles que são deficientes. Também foi mencionado o facto de os outros se rirem de nós, para além de as pessoas olharem para nós se tivermos uma deficiência. Noutros casos, foi referido que a pessoa com deficiência deve ser má e que pode ser separada dos seus pares, tal como referido por Frost (2011), que afirmou que a religião é uma causa de atitudes negativas em relação às pessoas que são estigmatizadas. Além disso, pensava-se que a deficiência era resultado de um ataque demoníaco ou de um castigo de Deus, que era visto como resultado do pecado. Alguns membros da igreja temiam que a deficiência fosse contagiosa e pudesse ser contraída se entrassem em contacto com uma pessoa com deficiência.

As pessoas com deficiência eram vistas como párias, ou seja, não eram aceites na assembleia geral de pessoas. A maior parte da rotulagem e do estigma associados às pessoas com deficiência, indicados nos resultados do estudo, coincidem com o que foi referido na literatura. Vários autores, como Coleridge (2000), Davis (1997), McDermott e Varenne (1995), afirmaram que as deficiências são entendidas como uma invenção cultural e que a capacidade da cultura para incapacitar os outros tem causado segregação, exclusão e discriminação na maioria das sociedades. Este estudo constatou que foi pedido a uma pessoa em cadeira de rodas que se apresentasse perante a congregação para explicar o que lhe tinha acontecido, antes de todos terem conhecimento da sua situação. Algumas famílias com crianças deficientes escondem as suas crianças do resto da sociedade em geral devido ao estigma, o que significa que não são reconhecidas nas suas comunidades (Narib, 2003 e Rapuro, 1998). Também foi exposto na literatura que a compreensão de algumas deficiências é influenciada pelo demónio, pelo diabo, pelo espírito maligno e até pelo pecado, que o tratamento médico moderno não consegue curar (Wahrisch-Oblau, 2001). Esta investigação também revelou que alguns pais escondem os seus filhos e não os levam para fora de casa devido à forma como alguns indivíduos olham para as pessoas com deficiência. Um pai de uma pessoa em cadeira de rodas disse que um pastor da igreja disse ao seu marido que ela era má e que a doença da sua filha era culpa dela. Também recordou outra ocasião em que um Pastor disse que, se o seu bebé tem uma deficiência, isso significa que os pais têm pecado. Estas opiniões representam o típico entendimento cultural africano de que as deficiências das pessoas são muitas vezes vistas como resultado de actos maléficos.

Apoio ao Culto Congregacional para Utilizadores de Cadeiras de Rodas

As conclusões desta investigação afirmam que os utilizadores de cadeiras de rodas não estão a receber as acomodações de que necessitam para os ajudar a servir Deus nas suas igrejas locais. No entanto, os participantes em cadeira de rodas afirmaram que gostam de ir à igreja pelo facto de esta os ajudar social, física e espiritualmente. Isto coincide com Persoon (2010), que salienta que a religião proporciona apoio emocional e prático aos seus membros, como foi revelado pelos utilizadores de cadeiras de rodas, que afirmaram que o serviço da igreja eleva o seu espírito e os encoraja quando estão em baixo ou em tempo de doença. Infelizmente, os participantes em cadeira de rodas sentiram que não estavam a ser considerados no que diz respeito às acomodações e que a falta de tais caraterísticas por vezes os exclui de frequentar a igreja ou de participar noutras actividades na igreja.

Apoio social da comunidade da igreja

Os utilizadores de cadeiras de rodas deste estudo utilizaram o apoio social para eliminar o isolamento nas suas vidas diárias, apesar de algumas barreiras que enfrentam nas igrejas. No que diz respeito a este estudo, o aspeto social da vida dos participantes em cadeira de rodas parece ser mais favorável do que o que Pierce (2003) descobriu no seu estudo sobre as pessoas de minorias étnicas com deficiência na Irlanda, que estas pessoas enfrentam muitas barreiras na sua vida social. Os participantes descrevem as suas vidas sociais como estando bem ligadas à comunidade da igreja e vêem a igreja como a sua casa de família e quase todos os seus amigos estão na igreja. Existem apenas dois locais de convívio social para os imigrantes, onde se podem reunir com os seus pares imigrantes: a igreja e as associações étnicas (Wahrisch-Oblau, 2001). Isto levou Gyadu (2011) a dizer que é impossível falar de África sem mencionar o cristianismo. Os estudos de Murphy (2011) e Ejorh (2011) sublinharam a importância dos serviços religiosos comunitários como uma fonte de satisfação que melhora a vida social. Descobriu-se também que os participantes recebem alguns benefícios, como apoio através de orações, visitas, telefonemas, orações e cura através da igreja. Embora na Alemanha exista tratamento médico, de acordo com Wahrisch-Oblau (2001), os cristãos imigrantes africanos continuam a acreditar que a cura espiritual trará a cura completa das doenças influenciadas pelo demónio, pelo diabo, pelo espírito maligno e até pelo pecado, que o tratamento médico moderno não consegue curar. Esta investigação concluiu que, no que diz respeito ao apoio social, os utilizadores de cadeiras de rodas afirmaram poder contar com a igreja, com exceção de alguns. O que a investigação descobriu que faltava era a ligação entre a comunidade da igreja liderada por africanos e o resto da sociedade irlandesa. A investigação revelou que não existem laços sociais entre a Irlanda, enquanto país de acolhimento, e estas novas comunidades, para encorajar a integração. O trabalho de Ugba constitui uma prova na literatura que fundamenta este facto. No seu estudo, um líder de uma igreja de imigrantes africanos disse durante a entrevista que o ambiente não nos permite fazer o que o Senhor nos chamou a fazer; quando se deparam com desafios [...] escondemo-nos nos nossos próprios lugares e retiramo-nos da sociedade (Ugba 2008). Além disso, um inquérito realizado em Toronto, em igrejas de imigrantes ganeses, por Mensah (2011), concluiu que as igrejas de imigrantes africanos pentecostais e carismáticos se afastam sobretudo das suas igrejas da nação de acolhimento, pois consideram que os não-africanos não são espiritualmente activos no exercício dos dons do Espírito Santo na área dos poderes de cura e profecia. Estas duas afirmações preocupantes sobre as igrejas africanas de imigrantes não podem ser vistas como algo que crie apoios sociais conducentes à partilha de recursos e à inclusão. Ugba (2008) aconselha que uma sociedade que não tem em conta a promoção da integração resultará no isolamento social e na exclusão desses indivíduos da maioria das reuniões sociais. Isto fez com que o estudo de Onyina (2004), que examinou a igreja do Pentecostes na Diáspora, dissesse que as igrejas precisam de ter actividades sociais significativas que as façam ser bem recebidas pela sociedade ocidental (Onyina, 2004).

Apoio do Estado

Os líderes das igrejas deste estudo atribuíram a culpa de não poderem fornecer os dispositivos de apoio assistido necessários e outras instalações adequadas ao governo irlandês, que, segundo eles, não forneceu apoio financeiro. Todas as igrejas abrangidas por esta investigação prestam culto em edifícios não tradicionais situados em diferentes zonas de Dublin. O Diretório de Igrejas Dirigidas por Migrantes refere que, das 327 igrejas existentes no Estado, a maioria está em Dublin, prestando culto em edifícios religiosos não tradicionais (All-Ireland Churches Consultative Meeting on Racism, 2009). Estes edifícios não se destinam, em primeiro lugar, a ser utilizados pelo público, uma vez que, na altura da construção, o proprietário não tem em mente qualquer utilização para além do armazenamento e dos serviços não ambulantes.

Algumas das explicações dadas pelos líderes foram que, como não têm um local de culto tradicional próprio, as alterações para proporcionar acomodações razoáveis serão difíceis para eles. As instalações industriais que estão a utilizar são alugadas e, como Coffer (2013) afirmou, as igrejas têm sorte em ter locais de culto devido à crise económica na Irlanda. Acrescentou que os católicos romanos dos seus países de origem têm a sorte de ter edifícios tradicionais para o culto, ao contrário dos que professam uma fé diferente. O seu estudo observou que os grupos de migrantes e os seus locais de culto não têm recebido a atenção necessária (Coffer, 2013). O estudo de Coffer mostra a clara diferença ambiental entre as igrejas de acolhimento e as igrejas dos migrantes (Coffer, 2013). Os infelizes imigrantes que não querem renunciar à sua fé e à sua forma cultural de culto (Onyina, 2004) terão dificuldade em aceder a locais de culto comparáveis às igrejas católicas. Embora alguns armazéns abandonados estejam agora a servir de "paraíso" para alguns fiéis, os líderes continuam a esperar receber apoio financeiro do Estado.

Autorização de planeamento

Outras conclusões deste estudo são que os líderes foram impedidos de fazer adaptações nos edifícios da igreja por falta de autorização de planeamento. Muitos proprietários não querem que eles se dirijam ao conselho para obter permissão para tornar os edifícios acessíveis a cadeiras de rodas, enquanto outros que se dirigiram ao Conselho foram recusados porque os locais não estão zoneados para a igreja. Estas afirmações da investigação contradizem o estudo de Coffer (2013). De acordo com a literatura, muitas igrejas de imigrantes, incluindo igrejas lideradas por africanos, têm a certeza de que estão a trabalhar dentro dos padrões estabelecidos, mas não estão cientes dos regulamentos de planeamento relativos à mudança de uso de edifícios existentes para locais de culto. Coffer também afirmou que não foram tomadas medidas para que as novas comunidades tenham o seu próprio local de culto (Coffer, 2013).

Apoio à educação e à formação

A Irlanda, enquanto país de acolhimento das igrejas de imigrantes, foi vista pelos participantes como responsável pela educação e formação dos líderes, para que os imigrantes utilizadores de cadeiras de rodas que frequentam as igrejas de matriz africana recebam os mesmos serviços de apoio que todos os outros. Dovlo (2004) afirmou categoricamente que é muito importante proporcionar uma melhor formação e educação formal aos líderes e pastores das igrejas imigrantes. Mais uma vez, como foi descrito anteriormente na secção da literatura, a situação na Alemanha é que as igrejas imigrantes estavam a multiplicar-se e muitos dos líderes não tinham formação formal, pelo que foi desenvolvida uma formação pastoral na Universidade de Hamburgo para satisfazer as necessidades dos líderes da igreja (Simpson, 2012). Neste caso, a formação foi direcionada para as necessidades dos líderes, mas o benefício a longo prazo será para aqueles a quem os pastores servirão, bem como para o Estado alemão. Os resultados desta investigação sugerem que a formação dos líderes não pode ser negligenciada se estas igrejas quiserem contribuir de alguma forma para a vida dos utilizadores de cadeiras de rodas que estão ao seu cuidado.

Durante essas formações, podem ser abordados desafios como a falta de sensibilização, o apoio inadequado, os pedidos de planeamento e o zonamento, bem como informações sobre o apoio financeiro às organizações.

Apoio financeiro

Os resultados do estudo sublinham que o futuro das igrejas lideradas por africanos em Dublin depende do Estado, uma vez que a falta de financiamento por parte do Estado pode impedir os utilizadores de cadeiras de rodas de frequentarem qualquer uma das suas reuniões. Uma situação semelhante ocorreu nos Estados Unidos, pois a lei isentou as igrejas da Lei dos Americanos com Deficiência de 1990, pelo que a acessibilidade se tornou um problema. Como resultado, George W. Bush, o presidente na altura, deu às igrejas dez mil milhões de dólares para tornar os locais de culto mais acessíveis às pessoas com deficiência. Tanto a revisão da literatura como as conclusões deste estudo revelaram que os africanos têm o dom de plantar igrejas, e a maioria pergunta-se como é que o Estado seria capaz de patrocinar todas elas, mesmo que quisesse. A forma como o número de igrejas está a aumentar pressupõe que deve haver a mesma taxa de crescimento dos serviços de apoio, tais como formação de líderes, competências de gestão, conhecimentos e apoio financeiro, a fim de reduzir qualquer forma de exclusão.

Limitações

Esta investigação não representa todos os imigrantes utilizadores de cadeiras de rodas em Dublin. Esta investigação centrou-se apenas nas experiências de cinco utilizadores de cadeiras de rodas e nas perspectivas de nove líderes de igrejas sobre questões de acessibilidade física relativas a igrejas de matriz africana em Dublin. O método de amostragem utilizado neste estudo qualitativo para selecionar os participantes foi a amostragem em bola de neve, que não pode ser considerada como uma verdadeira representação da população em estudo, uma vez que os participantes não foram selecionados aleatoriamente.

Embora esta investigação tenha as suas desvantagens, conseguiu revelar as experiências dos utilizadores de cadeiras de rodas, bem como as percepções dos líderes da igreja sobre o acesso físico dos utilizadores de cadeiras de rodas. Dos catorze participantes que fizeram parte deste estudo, onze deles são originários da Nigéria e, como alguns participantes já se conheciam, isso pode ter tido influência no resultado do estudo.

Recomendações

Esta investigação qualitativa criou questões para um estudo mais aprofundado que ultrapassa o âmbito da presente investigação. A partir das conclusões do estudo, são feitas três recomendações:

- Explorar melhor as experiências de adultos utilizadores de cadeiras de rodas, que são membros regulares da igreja de matriz africana, para darem a conhecer as suas experiências

- Examinar mais pormenorizadamente os conhecimentos dos líderes da igreja sobre a forma de apoiar as pessoas com deficiência no seu serviço para evitar a discriminação, através de entrevistas individuais

- Descobrir o papel que o Estado está a desempenhar no funcionamento das igrejas de matriz africana em Dublin e determinar o que o Estado poderia fazer para permitir que as pessoas com deficiência se sintam bem-vindas nas reuniões sociais da igreja.

A investigação abrangeria um maior número da população africana com um período de tempo suficiente para utilizar metodologias quantitativas e qualitativas. A utilização de métodos de investigação qualitativos significaria que as experiências relatadas pelos participantes poderiam produzir dados mais ricos do que aqueles que os métodos quantitativos poderiam gerar.

Reflexões do investigador

Todo o processo de estudo teve uma grande influência em mim como estudante investigador a nível de pós-graduação e também como membro ativo de uma igreja de matriz africana em Dublin. Este estudo foi desenvolvido a partir das minhas experiências de grande envolvimento nas actividades da igreja de matriz africana em Dublin, onde alguns dos membros da igreja com problemas de mobilidade sofrem de falta de acesso. Os participantes em cadeiras de rodas eram um pouco difíceis de alcançar, mas uma vez contactados, fiquei espantado com a forma como os utilizadores de cadeiras de rodas responderam ao meu convite para participar. Apercebi-me de que eles queriam que as suas vozes fossem ouvidas. A organização do grupo de discussão foi um desafio para mim, mas foi interessante, com mais risos dos participantes em resultado do que aconteceu. Fiquei impressionada com algumas das coisas que esta investigação descobriu, tais como esconder as crianças com deficiência devido à forma como as pessoas as olham e falam sobre elas, os pastores que levantam os utilizadores de cadeiras de rodas porque não têm quaisquer meios. Além disso, é preciso contar a toda uma congregação o que lhe aconteceu antes de poder ser aceite na sua comunidade e um Pas tor dizer a um marido que a deficiência do seu filho se deve ao facto de ser mau.

O meu objetivo foi responder a todas as principais questões de investigação, para além das que surgiram na sequência das respostas dos participantes. Embora muitas pessoas me tenham desencorajado, dizendo que seria difícil fazer um estudo de investigação com pessoas de África, o encorajamento do meu supervisor ajudou-me a ultrapassar esses comentários negativos. Acima de tudo, posso dizer que este estudo de investigação se tornou uma experiência de aprendizagem para mim, da qual poderei transferir os conhecimentos e as competências adquiridos para utilizar em qualquer cargo futuro que venha a ocupar.

Conclusão

Esta investigação abordou os aspectos que se aplicam ao acesso físico dos utilizadores de cadeiras de rodas que procuram frequentar as igrejas de matriz africana em Dublin, bem como a perceção que os líderes das igrejas têm das necessidades dos utilizadores de cadeiras de rodas. Além disso, descreveu as experiências dos utilizadores de cadeiras de rodas relativamente ao acesso físico no contexto de uma igreja. Outros resultados significativos centraram-se na forma como o estudo da participação de adultos utilizadores de cadeiras de rodas na igreja pode conduzir a estudos futuros. De igual modo, foi salientada a importância do apoio dos líderes da igreja e do Estado, na prestação de assistência às pessoas com problemas de mobilidade. Acima de tudo, é claro que em todas as igrejas de matriz africana deste estudo, o acesso físico é um problema. No entanto, a duração do tempo em que os utilizadores de cadeiras de rodas podem continuar a prestar culto em tais ambientes será determinada pelas acções tomadas pelos futuros líderes, tanto na igreja como no Estado. Espera-se que os futuros ambientes das igrejas lideradas por africanos tenham um valor colaborativo que facilite o crescimento espiritual e social dos utilizadores de cadeiras de rodas.

Como os resultados desta investigação indicam, há problemas de acesso físico com que os imigrantes utilizadores de cadeiras de rodas se deparam nas igrejas de matriz africana em Dublin e que os líderes das igrejas não têm recursos para resolver. Isto leva à insatisfação e, tragicamente, alguns utilizadores de cadeiras de rodas não têm outra opção senão ficar em casa. Os utilizadores de cadeiras de rodas anseiam por ter um local de culto onde sejam tratados e respeitados da mesma forma que todos os outros. No entanto, as percepções culturais dos líderes das igrejas sobre as pessoas com deficiência podem influenciar a decisão dos utilizadores de cadeiras de rodas de não irem à igreja. A inspiração para ir à igreja e comungar depende tanto da abordagem dos líderes em relação à deficiência, que eles desejam ver melhorada para mostrar respeito e proporcionar um ambiente digno onde existam muitas formas de apoio.

REFERÊNCIAS

Adedibu, B. (2013). Origem, Migração, Globalização e o Encontro Missionário das Igrejas da Maioria Negra da Grã-Bretanha. *Studies in World Christianity, 19*(1), 93-113. doi:10.3366/swc.2013.0040.

AICCMR (2005). Reunião consultiva das Igrejas de toda a Irlanda sobre o racismo: Challenged by ignorance: Responding to strangers in our midst", Conference Papers. [Em linha] [Acedido em 12 de junho de 2014] Disponível em: http://www.iccsi.ie/resources/dromantine.pdf.

Reunião Consultiva das Igrejas de toda a Irlanda sobre o Racismo (2009). Diretório de Igrejas e Capelanias lideradas por migrantes. Belfast.

Lei dos Americanos com Deficiência de 1990. Estados Unidos da América.

Appleby, J. (2011). O papel da Igreja Católica na integração dos imigrantes. *Review of Faith & International Affairs*, 9 (1), 67-70. doi:10.1080/15570274.2011. 9543621.

Asamoah-Gyadu, J. (2011). 'Levanta-te ... Pegue na criança ... e fuja para o Egito': Transforming Christianity into a Non- Western Religion in Africa". *International Review of Mission, 100*(2), 337-354. doi:10.1111/j. 1758-6631.2011.00077.x.

Atkinson, R e Flint, J (2001). Aceder a populações ocultas e de difícil acesso: Bola de neve

Estratégias de Investigação Atualização da Investigação Social (Universidade de Surrey), Número 33

Barnes, C. (1991). Disabled people in Britain and discrimination: A case for antidiscrimination legislation. C. Hurst & Company.

Browne, K. (2005). Snowball sampling: using social networks to research non-heterosexual women (Amostragem em bola de neve: utilização de redes sociais para investigar mulheres não heterossexuais). *Revista Internacional de Metodologia da Investigação Social, 8*(1), 47-60.

Brownlee, K. e Cureton, A. (2009). *Disability and Disadvantage (Deficiência e Desvantagem)*. Nova Iorque: Oxford University Press.

Burke, P. (2008). Deficiência e incapacidade: Working with Children and Families. Londres: Jessica Kingsley Publishers.

Bush G. (2001). Propõe milhões para remodelar igrejas. Church & State 54(3), 3.

Christiani, T. (2014). Fazendo Teologia: Rumo à Construção de Métodos para Viver com Deficiência. *Revista de Teologia da Ásia, 28*(1), 35-58.

Cagney, M. (1999). Urge melhorar o acesso das pessoas com deficiência. Christianity Today, 43(4), 13.

Coffer, C. (2013). Religião na Irlanda: Migrant places of worship. [Em linha] [Acedido em 6 de junho de 2014]. Disponível em: http://religioninireland.net/2013/10/.

Coleridge, P. (2000). Deficiência e cultura. *Selected Readings in Community Based Rehabilitation Series, 1*, 21-38.

Collins, B. C., & Ault, M. J. (2010). Inclusão de Pessoas com Deficiência na Comunidade Religiosa: Modelos de Programas Implementados por Duas Igrejas. Journal of Religion, Disability & Health, 14(2), 113-131.

Cones, B. (2013). Acesso negado. *U.S. Catholic*, *78*(2), 8.

Coniam, D. (2011). Um exame qualitativo das atitudes dos marcadores de Estudos Liberais em relação à marcação no ecrã em Hong Kong. *British Journal Of Educational Technology*, *42*(6), 1042-1054. doi:10.1111/j.1467-8535.2010.01136.x.

Connor, P. (2008). Increase or Decrease? The Impact of the International Migratory Event on Immigrant Religious Participation [O Impacto do Evento Migratório Internacional na Participação Religiosa dos Imigrantes]: *Journal for the Scientific Study of Religion* 7(2):243-257.

Davis, L. J. (1997). Constructing normalcy. *The disability studies reader*, 9-28.

Denscombe, M. (2010). Regras básicas para a investigação social, diretrizes para boas práticas. Maidenhead: Open University Press.

Devlieger, P. J. (2005, outubro). Gerar um modelo cultural de deficiência. In *19º Congresso da Federação Europeia de Associações de Professores de Surdos (FEAPDA), outubro* (pp. 14-16).

Lei da Deficiência de 2005 - República da Irlanda.

Dovlo, E. (2004). Cultura AFRICANA e formas emergentes de igreja no Gana. *Exchange*, *33*(1), 28-53.

Lei da Discriminação da Deficiência (1995). Reino Unido.

Ebaugh, H., & Chafetz, J. (2000). Dilemas da língua em congregações de imigrantes: The tie that binds or the tower of babel? *Review Of Religious Research*, *41*(4), 432.

Ejorh, T. (2011). A comunidade diaspórica africana na Irlanda contemporânea: Intersecções de identidades descritivas e circunstanciais. Ethnicities, 1468796811419598.

Lei sobre a igualdade de estatuto (2000). República da Irlanda.

Frank, O., & Snijders, T. (1994). Estimating the size of hidden populations using snowball sampling. *Journal of official statistics-stockholm-*, *10*, 53-53.

Não Temais os Deficientes (2005). *Christianity Today*, *49*(11), 28-29.

Finke, R., & Stark, R. (1992). The churching of America 1776-1990. *New Brunswick, NJ: Rutgers UP*.

Flynn, E. (2011). From rhetoric to action: implementing the UN Convention on the Rights of Persons with Disabilities (Da retórica à ação: implementação da Convenção das Nações Unidas sobre os Direitos das Pessoas com Deficiência). Cambridge University Press.

Frost, D. M. (2011). Estigma social e suas consequências para os socialmente estigmatizados. *Social & Personality Psychology Compass*, *5*(11), 824-839. doi:10.1111/j.1751-9004.2011.00394.x.

Garton, M. (2011). Igrejas onde não vão cadeiras de rodas. Eureka Street, *21*(10), 47-48.

Gilligan, R., Curry, P., McGrath, J., Murphy, D., Ni Raghallaigh, M., Rogers, M., ... & Gilligan Quinn, A. (2010). Na linha da frente da integração: os jovens que gerem a migração para a Irlanda. Centro de Investigação da Criança.

Gilroy, P. (2000). Entre Campos: Nations. *Cultures and the Allure of Race, Londres.*

Governo da Irlanda (2012). Census 2011: *Profile 6 Migration and Diversity - A Profile of Diversity in Ireland [Perfil 6 Migração e diversidade - Um perfil da diversidade na Irlanda].* Dublin: Stationary Office.

Governo da Irlanda (2011). Access: Improving the Accessibility of Historic Buildings and Places [Melhorar a Acessibilidade de Edifícios e Locais Históricos]. Dublin: Stationery Office.

Governo da Irlanda (2010) Building Regulations: Technical Guidance Document M - Access and Use (Documento de Orientação Técnica M - Acesso e Utilização). Dublin: Publicado pelo Stationery Office.

Graf, N. M., Marini, I., & Blankenship, C. J. (2009). One hundred words about disability (Cem palavras sobre a deficiência). Journal of Rehabilitation, 75(2), 25.

Gray, D. E. (2004). Doing Research in the Real World. Londres: Sage Publications.

Hales, G. (1996). Beyond Disability: towards an enabling society. Sage.

Hastings, J., & Thomas, H. (2005). Accessing the nation: disability, political inclusion and built form. *Estudos Urbanos*, *42*(3), 527-544.

Hart, C. (1998). Doing a Literature Review. Londres: Sage Publications.

Health Service Executive (2013). Igrejas pentecostais: Também conhecidas como pentecostalismo. [Em linha] [Acedido em 10 de maio de 2014]. Disponível em: http://hse.ie/eng/services/Publications/SocialInclusion/InterculturalGuide/Pentecostalism/prof ile.html.

Hickman, M., Crowley, H., & Mai, N. (2008). Immigration and social cohesion in the UK (Imigração e coesão social no Reino Unido). *The rhythms and realities of everyday life. York.*

Hsieh, H. F., & Shannon, S. E. (2005). Three approaches to qualitative content analysis. Qualitative health research, 15(9), 1277-1288.

Associação Irlandesa de Cadeiras de Rodas (2010). Diretrizes de Boas Práticas de Acesso: *Designing Accessible Environments (Conceção de ambientes acessíveis).* Dublin.

Katz, H. (2006). Global Surveys or multi-national surveys? Sobre amostragem para inquéritos globais. In *Thoughts for the Globalization and Social Science Data Workshop UCSB.*

Koenig, H.G. (1997). Is religion good for your health? The effects ofreligion on physical and mental health (Os efeitos da religião na saúde física e mental). Binghamton, Nova Iorque: Haworth Press, Inc.

Krantz, O., Bolin, K., & Persson, D. (2008). Estratégias de Lidar com o Estigma na Vida Cotidiana entre Mulheres dos 20 aos 30 anos com Deficiência de Redução Transversal do Membro Superior. *Scandinavian Journal Of Disability Research, 10*(4), 209-226. doi:10.1080/15017410801900374.

Kuteesa, M., Seeley, J., Cumming, R., & Negin, J. (2012). Older people living with HIV in Uganda: understanding their experience and needs. *African Journal Of AIDS Research (AJAR), 11*(4), 295-305. doi:10.2989/16085906.2012. 754829.

Lawlor, K., Mihaylov, S., Welsh, B., Jarvis, S., & Colver, A. (2006). A qualitative study of the physical, social and attitudinal environments influencing the participation of children with cerebral palsy in northeast England (Um estudo qualitativo dos ambientes físicos, sociais e de atitude que influenciam a participação de crianças com paralisia cerebral no nordeste de Inglaterra). *Developmental Neurorehabilitation, 9*(3), 219-228.

Lester, J. C. (2002). A indústria dos estudos sobre a deficiência. *Libertarian Alliance.*

Levitt, P. (2003) You know, Abraham was really the first immigrant: Religion and transnational migration. International Migration Review, 847-873.

Ludwig, E. (2012). Stigma in the Arts: How Percetual Barriers Influence Individuals' with Disabilities Participation in Arts Organizations [Estigma nas Artes: Como as Barreiras Perceptuais Influenciam a Participação de Indivíduos com Deficiência em Organizações Artísticas]. Journal Of Arts Management, Law & Society, 42(3), 141-151. doi:10.1080/10632921.2012.729498.

Narib, L. D. (2003). VIH e SIDA e deficiência: Actas de uma conferência nacional.

Autoridade Nacional para a Deficiência (2011) A Review of Literature on Natural Community Supports. A Contemporary Developments in Disability Services Paper (Documento sobre desenvolvimentos contemporâneos nos serviços para pessoas com deficiência). Dublin: Autoridade Nacional para a Deficiência.

Marche, A. (2006). Religião, saúde e cuidados aos idosos, Counselling, Psychotherapy, and Health, 2(1), 50-61.

Maxwell, J. A. (2012). Conceção da investigação qualitativa: An Interactive Approach: Uma abordagem interactiva. Sage.

McDermott, R., & Varenne, H. (1995). Culture as disability. *Anthropology & Education Quarterly, 26*(3), 324-348.

McLafferty, I. (2004). Focus group interviews as a data collecting strategy. Journal of advanced nursing, 48(2), 187-194.

McNair, J. (2000). A igreja local como uma rede de apoio a adultos com deficiência na comunidade: Uma perspetiva. Journal of Religion, Disability & Health, 4(1), 33-56.

McNair, J., & Sanchez, M. (2008). Construções sociais cristãs da deficiência: Church leaders. Journal of Religion, Disability & Health, 11(4), 35-50.

Mensah, J. (2008). Religious transnationalism among Ghanaian immigrants in Toronto: a binary logistic regression analysis [Transnacionalismo religioso entre imigrantes ganeses em Toronto: uma análise de regressão logística binária]. *Canadian Geographer, 52*(3), 309-330. doi:10.1111/j.1541-0064.2008.00215.x.

Meyers A.R., Anderson J.J., Miller D. R., Shipp K, e Hoenig H. (2002) Barriers, Facilitators, and Access for

Wheelchair Users: Substantive and Methodological lessons from a Pilot Study of Environmental Effects. Soc Sci Med 2002; 55:1435-46.

Morgan, D. L. (1996). Focus groups. *Annual review of sociology*, 129-152.

Murphy, E. (2013). "É engraçado que me sinto muito mais estigmatizado pela minha própria comunidade de origem": investigando as experiências dos migrantes com deficiência visual de uma comunidade étnica sem apoio.

International Journal of Migration, Health and Social Care, *9*(1), 4-16.

Murphy, K. O'Shea, E. Cooney, A. e Casey, D. (2007). The Quality of Life of Older People With a Disability in Ireland (A Qualidade de Vida das Pessoas Idosas com Deficiência na Irlanda): National Council on Ageing and Older People Report No. 99, Universidade Nacional da Irlanda, Galway.

Autoridade Nacional para a Deficiência. (2002). *Buildings for Everyone (Edifícios para todos)*. Dublin: Conselho Nacional de Reabilitação.

Rede, E. D. A. (2003). Uma Igreja de Todos e para Todos: An Interim Statement. *Uma Igreja de Todos e para Todos*, 415-430.

O'Donovan, M. A. (2011). Medida de Atividade e Participação (MAP): Fontes de dados sobre a deficiência na Irlanda.

O'Leary Z. (2010). Doing your Research Project. Londres: Sage Publications.

Oliver, M., & Barnes, C. (2012). The new politics of disablement (A nova política da deficiência). Palgrave Macmillan.

Oliver,M e Barnes, C. (1998). *Disabled People and Social Policy: From Exclusion to Inclusion,* Londres: Longman.

Oliver, M. (2009). O modelo social em contexto. Rethinking normalcy: A disability studies reader, 19-30.

Oliver, M. (1996). Compreender a deficiência: From theory to practice. St Martin's Press.

Omu, O., & Reynolds, F. (2012). As percepções dos profissionais de saúde sobre as influências culturais nas experiências de AVC e reabilitação no Kuwait. *Disability & Rehabilitation*, *34*(2), 119-127. doi:10.3109/09638288.2011.591883.

Onyinah, O. (2004). O Pentecostalismo e a Diáspora Africana: Um Exame das Actividades Missionárias da Igreja de Penecostes. Pneuma: O Jornal da Sociedade de Estudos Pentecostais, 26(2), 216-241.

Persoon, J. (2010). The Planting of the Tabot on European Soil: The Trajectory of Ethiopian Orthodox Involvement with the European Continent [A Plantação do Tabot em Solo Europeu: A Trajetória do Envolvimento Ortodoxo Etíope com o Continente Europeu]. *Studies In World Christianity*, *16*(3), 320-340. doi:10.3366/swc.2010.0107.

Peters, R. (1998). Acessibilidade: As igrejas não deveriam ficar sem ela. Christian Science Monitor. p. 11.

Peterson, A. (2007). Manual de Recursos para Pessoas com Deficiência: Um Guia Prático para Igrejas e Líderes de Igrejas. [Online] [Acedido em 12 de junho de 2014]. Disponível em: https://www.covchurch.org/justice/files/2010/.../Disability-Manual-1.pdf.

Phemister, A. A., & Crewe, N. M. (2004). Objective Self-Awareness and Stigma: Implications for Persons with Visible Disabilities (Autoconsciência objetiva e estigma: implicações para pessoas com deficiências visíveis). *Journal Of Rehabilitation*, *70*(2), 33-37.

Pierce, M. (2003). Minority ethnic people with disabilities in Ireland (Pessoas com deficiência de minorias étnicas na Irlanda). Equality Authority.

Platt-McDonald, S. Nicholls, S. e Young, T. (2007). Tornar o Evangelho Acessível: A Practical Disability Training Guide and Resource Manual for Special Needs Coordinators within the British Union of the Seventh Day Adventist Church. Oxfordshire.

Pope, C., & Mays, N. (1995). Qualitative research: reaching the parts other methods cannot reach: an introduction to qualitative methods in health and health services research. *Bmj*, *311*(6996), 42-45.

Priestley, M. (2001). Disability and the Life Course Global Perspectives (Deficiência e curso de vida: perspectivas globais). Cambridge: Cambridge University Press.

Rallis, S., & Rossman, G. (1998). Aprender no terreno: Uma introdução à investigação qualitativa. Aprender no terreno: uma introdução à investigação qualitativa.

Rapuro O (1998). 'On the subject of disability' *Baobab* 27 Arid Lands Information Network (ALIN) Dakar.

Fundação Robert Wood Johnson (2006). Living In America: Challenges Facing New Immigrants and Refugees Imigrante e refugiado.

Rostron, J. (2008). Protocol for assessing access to commercial property (particularly offices and shops) for people with disabilities (Protocolo para avaliar o acesso de pessoas com deficiência a imóveis comerciais (nomeadamente escritórios e lojas)). *Journal of Retail & Leisure Property*, *7*(2), 103-118. doi:10.1057/rlp.2008.3.

Sabar, G. (2004). O Cristianismo Africano no Estado Judaico: Adaptação, Acomodação e Legitimação das Igrejas dos Trabalhadores Migrantes, (1990-2003). *Journal of Religion In Africa*, *34*(4), 407-437. doi:10.1163/1570066042564400.

Sabar, G., & Kanari, S. (2006). 'I'm singing my way up': the significance of Music amongst African Christian migrants in Israel. *Studies In World Christianity*, *12*(2), 101-125.

Samaha, A. (2007). What good is the social model of disability? *University of Chicago Law Review*, 74.

Scheer, J., Kroll, T., Neri, M. T., & Beatty, P. (2003). Access Barriers for Persons with Disabilities The Consumer's Perspective (Barreiras de acesso para pessoas com deficiência: a perspetiva do consumidor). Journal of Disability Policy Studies, 13(4), 221230.

Simpson, C. A. (2012). Educação Teológica Eficaz para Igrejas Imigrantes. *JEPTA: Journal Of The European*

Pentecostal Theological Association, *32*(2), 165-178.

Atleta dos Jogos Olímpicos Especiais fala ao comité sobre o estigma em África. (2014). *Learning Disability Practice*, *17*(2), 6.

Stark, S. (2008). A eliminação de barreiras ambientais nas casas de idosos com deficiência melhora o desempenho profissional. *Bringing Evidence Into Everyday Practice: Practical Strategies for Healthcare Professionals*, 267.

Stone, J. H. (2005). Cultura e deficiência: Prestação de serviços culturalmente competentes. Multicultural Aspects of Counselling Series 21. Londres: Sage Publications.

Storr, T., Spicer, J., Frost, P., Attfield, S., Ward, C. D., & Pinnington, L. L. (2004). Caraterísticas de design das rampas portáteis para cadeiras de rodas e suas implicações para o acesso ao passeio e aos veículos. *Journal of rehabilitation research and development*, *41*(3B), 443-452.

Thapar, N., Warner, G., Drainoni, M., Williams, S. R., Ditchfield, H., Wierbicky, J., & Nesathurai, S. (2004). A pilot study of functional access to public buildings and facilities for persons with impairments. *Disability & Rehabilitation*, *26*(5), 280-289.

O Centro de Integração (2010:9). Ligar as comunidades, promover a integração: Sumário Executivo do Plano de Negócios (2010-2015).

Nações Unidas, (1993). Regras Padrão sobre a Igualdade de Oportunidades para Pessoas com Deficiência.

Thirthalli, J., & Kumar, C. (2012). Estigma e incapacidade na esquizofrenia: Perspetiva dos países em desenvolvimento. *International Review of Psychiatry*, *24*(5), 423-440. doi:10.3109/09540261.2012.703644.

Shakespeare, T., & Watson, N. (2001). The social model of disability: an outdated ideology? *Investigação em ciências sociais e deficiência*, *2*, 9-28.

Ugba, A. (2008). Translocações: Migration and Social Change. Translocações, 4(1), 86-101.

Ugba, A. (2007). Pentecostais africanos na Irlanda do século XXI: identidade e integração. Immigration and Social Change in the Republic of Ireland, 168-184.

Ugba, A. (2004). Uma análise quantitativa do perfil dos imigrantes africanos na Dublin do século XXI. Primeira fase. Dublin: Departamento de Sociologia, Trinity College Dublin.

Nações Unidas (2008). Convenção sobre os Direitos das Pessoas com Deficiência, Nova Iorque e Genebra.

Union Leader, (2007). Church Asks Mom, Child with Disability to Leave [Online] [Acedido em 18 de junho de 2014] Disponível em: http://www.unionleader.com/article.aspx?articleId=3dba6535- 36f6-4a8d-9372-a0dad262cfca.

Wahrisch-Oblau, C. (2001). Deus pode tornar-nos saudáveis até ao fim. *International Review of Mission*, *90*(356/357), 87.

Washington Post (2007). Barreiras para a adoração. [Online] [Acessado em 20 de junho de 2014] Disponível em :http://www.washingtonpost.com/wpdyn/content/article/2007/02/02/AR2007020201336.html

Weber, R. P. (Ed.). (1990). Basic content analysis (No. 49). Sage.

Weeks, W. (2004). Criar serviços atractivos que os cidadãos queiram frequentar. Australian Social Work, 57(4), 319-330.

Organização Mundial de Saúde (2011). Relatório Mundial sobre a Deficiência. Genebra: Imprensa da Organização Mundial de Saúde.

Organização Mundial de Saúde (2001). Classificação Internacional de Funcionalidade, Incapacidade e Saúde. Genebra: Imprensa da Organização Mundial de Saúde.

Yang, J. (2011). A christian perspective on immigrant integration [Uma perspetiva cristã sobre a integração dos imigrantes]. *Review of Faith & International Affairs*, *9*(1), 77-83. doi:10.1080/15570274.2011.543623.

APÊNDICES

Appendix A: Formulário de consentimento para a Igreja/Agência

Título: As igrejas de matriz africana e os problemas de acesso físico que os imigrantes utilizadores de cadeiras de rodas enfrentam em Dublin.

Investigador principal: Peter Ankamah Addo

Em nome de:.. (Nome da Igreja)

Autorizo que o(s) seguinte(s) Pastor(es)/Líder(es)/Funcionário(s)/membro(s) seja(m) contactado(s) para participar neste estudo, tendo-me sido devidamente descritos os pormenores do mesmo:

Nome do(s) delegado(s)/Participante(s): ....

Faça um círculo em torno de Sim ou Não nas seguintes afirmações:

Autorizo que ele/ela possa participar no grupo de discussão/entrevista **Sim Não**

Autorizo que seja utilizado um dispositivo eletrónico para gravar o grupo de discussão/entrevista **Sim Não**

Compreendo que as informações recolhidas para o estudo sobre as Igrejas de Matriz Africana serão utilizadas apenas para fins de estudo e não para fins lucrativos. **Sim Não**

Nome da pessoa autorizada .... Cargo:...............................

Assinatura : .... Data: ....

Appendix B: Formulário de consentimento para os participantes

Título: As igrejas de matriz africana e os problemas de acesso físico que os imigrantes utilizadores de cadeiras de rodas enfrentam em Dublin.

Concordo em participar no estudo acima referido.

Li a ficha de informação sobre o estudo em causa e tomei conhecimento do seguinte:

Sou livre de me retirar em qualquer altura.

Todas as informações pessoais que fornecer serão mantidas de forma segura e todas as informações que fornecer serão tratadas com total confidencialidade e anonimato.

O investigador pode contactar-me para obter mais informações, se necessário.

O grupo de discussão/entrevista será gravado com um dispositivo eletrónico de áudio.

Compreendo que posso opor-me à gravação áudio e que, em vez disso, serão tomadas notas.

Todas as minhas perguntas foram respondidas de forma satisfatória.

Assinado: ....

Data:

Appendix C: Folha de informação - Utilizadores de cadeiras de rodas

Título: As igrejas de matriz africana e os problemas de acesso físico que os imigrantes utilizadores de cadeiras de rodas enfrentam em Dublin.

Caro potencial Participante,

O meu nome é Peter Ankamah Addo, e estou atualmente a fazer um curso de estudos conducente a um Mestrado em Estudos sobre a Deficiência no Trinity College de Dublin. Como parte do meu curso, tenho de concluir uma dissertação e o tema que decidi escolher é "Igrejas de matriz africana e os problemas de acesso físico que os imigrantes utilizadores de cadeiras de rodas enfrentam em Dublin". O estudo pretende explorar as experiências dos utilizadores de cadeiras de rodas nestas igrejas de matriz africana e também avaliar a consciência da deficiência entre os líderes no que diz respeito à acessibilidade física. Este estudo envolverá a participação de 6-9 pastores e líderes de igrejas num grupo de discussão e 5-8 utilizadores de cadeiras de rodas em entrevistas individuais.

Todos os participantes devem ser abrangidos pelos critérios inclusivos, com mais de 18 anos e de origem africana, que tenham um conhecimento razoável de inglês, que saibam ler, escrever e falar inglês. Nenhum menor ou criança com menos de 18 anos ou pessoas vulneráveis será entrevistado, e qualquer participante potencial que se enquadre nesta categoria, os pais/tutores actuarão em seu nome. As entrevistas serão gravadas em áudio e terão uma duração de 45 a 60 minutos, numa entrevista individual. Se um participante não concordar com a gravação áudio, serão tomadas notas em vez da gravação áudio. As entrevistas aos utilizadores de cadeiras de rodas terão lugar num local à sua escolha, numa base individual. A sua participação é totalmente voluntária e não haverá qualquer penalização se decidir não participar. Os participantes podem pedir-me para editar ou parar a entrevista em qualquer altura.

Não tem qualquer obrigação de responder a todas as perguntas se não o desejar fazer. A informação, incluindo os dados pessoais de todos os participantes, será tratada com total confidencialidade e anonimato durante todo o estudo, incluindo qualquer informação que possa ser identificada, como o nome de uma igreja, local, função e título. Os valores da Lei de Proteção de Dados de 1988, tal como alterada em 2003, serão respeitados nesta proposta de estudo e, uma vez que a confidencialidade é fundamental neste estudo, o investigador tem a responsabilidade total de respeitar a dignidade, proteger a privacidade e tornar anónima qualquer informação confidencial, tal como estipulado na Lei de Proteção de Dados.

Todos os dados em bruto, incluindo os ficheiros áudio, serão conservados até depois de o júri de exame ter aprovado a dissertação do aluno; as transcrições (anonimizadas) serão conservadas durante um período máximo de dois anos após a data do júri de exame. Serão atribuídos nomes fictícios a cada um dos participantes neste estudo para evitar a possibilidade de exposição de informações individuais. Todas as informações serão guardadas num local seguro ao qual o investigador, o supervisor e o examinador da tese podem ter acesso.

As informações serão guardadas num local seguro, fechado à chave ou protegido por palavra-passe, durante os anos obrigatórios recomendados pelas leis de proteção de dados e de acordo com a política da Escola de Serviço Social e Política Social relativa ao armazenamento de dados. Após este período, todos os dados armazenados serão eliminados de acordo com o procedimento previsto nas leis de proteção de dados. O seu nome ou dados pessoais não serão associados ao que disser e a sua identidade será protegida. Antes do início da entrevista, pedir-lhe-ei que assine um formulário de consentimento que confirma a sua decisão de participar. Por favor, não hesite em contactar-me caso necessite de mais informações sobre este estudo. Pode contactar-me, Peter Addo, através do endereço 0863983085, ou do e-mail: addop@tcd.ie. Pode também contactar a minha supervisora, Dra. Edurne Iriarte, através do endereço 018962200 ou por correio eletrónico: iriartee@tcd.ie.

Muito obrigado pelo vosso tempo.

Appendix D: Folha de Informação - Pastores/Líderes de Igrejas

Título: As igrejas de matriz africana e os problemas de acesso físico que os imigrantes utilizadores de cadeiras de rodas enfrentam em Dublin.

Caro potencial Participante,

O meu nome é Peter Ankamah Addo, e estou atualmente a fazer um curso de estudos conducente a um Mestrado em Estudos sobre a Deficiência no Trinity College de Dublin. Como parte do meu curso, tenho de concluir uma dissertação e o tema que decidi escolher é "Igrejas de matriz africana e os problemas de acesso físico que os imigrantes utilizadores de cadeiras de rodas enfrentam em Dublin". O estudo pretende explorar as experiências dos utilizadores de cadeiras de rodas nestas igrejas de matriz africana e também avaliar a consciência da deficiência entre os líderes no que diz respeito à acessibilidade física. Este estudo envolverá a participação de 6-9 pastores e líderes de igrejas num grupo de discussão e 5-8 utilizadores de cadeiras de rodas em entrevistas individuais. Todos os participantes serão enquadrados nos critérios inclusivos, com mais de 18 anos e de origem africana, que tenham um conhecimento razoável de inglês, que saibam ler, escrever e falar inglês.

Os participantes participarão numa entrevista de grupo de 60 a 90 minutos com outros pastores/líderes de igrejas. Os participantes serão convidados a responder a perguntas e a discutir a sua participação numa igreja e questões de acesso físico relativas a utilizadores de cadeiras de rodas num ambiente de grupo. As entrevistas serão gravadas em áudio e durarão entre 60 e 90 minutos num grupo de discussão e, se um participante não concordar com a gravação em áudio, serão tomadas notas em vez da gravação em áudio. O local para a entrevista de grupo de discussão foi fixado numa localização conveniente, à qual os participantes poderão aceder sem qualquer dificuldade. A sua participação é totalmente voluntária e não haverá qualquer penalização se decidir não participar. Os participantes podem pedir-me para editar ou parar a entrevista de grupo em qualquer altura.

Não tem qualquer obrigação de responder a todas as perguntas se não o desejar fazer. A informação, incluindo os dados pessoais de todos os participantes, será tratada com total confidencialidade e anonimato durante todo o estudo, incluindo qualquer informação que possa ser identificada, como o nome de uma igreja, local, função ou título do líder. Os valores da Lei de Proteção de Dados de 1988, alterada em 2003, serão respeitados neste estudo e, como a confidencialidade é fundamental neste estudo, o investigador tem a responsabilidade total de respeitar a dignidade, proteger a privacidade e tornar anónima qualquer informação confidencial, tal como estipulado na Lei de Proteção de Dados Todos os dados em bruto, incluindo os ficheiros áudio, serão conservados até depois de o júri de exame ter aprovado a dissertação do aluno; as transcrições (anonimizadas) serão conservadas durante um máximo de dois anos após a data do júri de exame.

Serão atribuídos nomes fictícios a cada um dos participantes neste estudo para evitar a possibilidade de exposição de informações individuais. Toda a informação será guardada num local seguro ao qual o investigador, o supervisor e o examinador da tese podem ter acesso. A informação será guardada num local seguro, fechado à chave ou protegido por palavra-passe, durante os anos obrigatórios recomendados pela Lei de Proteção de Dados e de acordo com a política de armazenamento de dados da Escola de Serviço Social e Política Social. Após este período, todos os dados armazenados serão eliminados de acordo com o procedimento previsto nas leis de proteção de dados. O seu nome ou dados pessoais não serão associados ao que disser e a sua identidade será protegida. Antes do início da entrevista de grupo de reflexão, pedir-lhe-ei que assine um formulário de consentimento que confirma a sua decisão de participar. Por favor, não hesite em contactar-me caso necessite de mais informações sobre este estudo. Pode contactar-me, Peter Addo, em 0863983085, ou por correio eletrónico: addop@tcd.ie. Pode também contactar a minha supervisora, Dra. Edurne Iriarte, através do endereço 018962200 ou por correio eletrónico: iriartee@tcd.ie.

Muito obrigado pelo vosso tempo.

Appendix E: Tópicos sobre utilizadores de cadeiras de rodas

Perguntas do guia: Utilizadores de cadeiras de rodas/familiares

1. Na sua opinião, qual é a importância do culto congregacional para quem é membro de uma igreja local?

a. Com que frequência é que você/o seu filho ou filha vão pessoalmente à igreja? Se não vai com frequência, porquê?

2. Na sua opinião, quais são os problemas que os utilizadores de cadeiras de rodas enfrentam em relação à frequência da igreja?

3. Que experiência tem você/o seu filho ou filha no acesso à sua igreja?

4. Que impacto é que as barreiras físicas numa igreja têm em si/no seu filho ou filha?

5. Quais são os factores que o(a) impedem de participar no culto da igreja?

6. Como é que você/seu filho ou filha avalia as percepções dos líderes da igreja em relação às pessoas com deficiência?

7. Que tipo de respostas recebeu o(a) senhor(a) ou o(a) seu(sua) filho(a) quando tentou discutir questões de acessibilidade com os líderes da igreja?

Appendix F: Tópicos do grupo de discussão

Guia de perguntas para grupos de discussão

1. Quão importante é o facto de as pessoas se reunirem para adorar a Deus?

2. Quais são as suas experiências de ter pessoas com deficiência na sua congregação?

3. Que apoios de acesso para utilizadores de cadeiras de rodas tem a sua igreja?

a. Descreva de que forma as caraterísticas físicas da sua igreja são acessíveis aos utilizadores de cadeiras de rodas?

b. Descreva como é que uma pessoa em cadeira de rodas que assiste ao culto na sua igreja poderia, por exemplo, chegar à casa de banho e utilizá-la?

c. Quais são as actividades religiosas que os utilizadores de cadeiras de rodas realizam normalmente no seu serviço?

4. Que problemas pensa que a sua igreja enfrenta que a impedem de proporcionar acesso físico aos utilizadores de cadeiras de rodas?

a. Na sua opinião, como é que estas questões podem ser resolvidas?

5. Como é que a sua igreja serve os utilizadores de cadeiras de rodas que não podem aceder fisicamente às instalações da igreja?

Apêndice G: Exemplo de transcrição

Exemplo de entrevista com o pai de um menor utilizador de cadeira de rodas

5th Participante: Rebecca (Pseudónimo)

Entrevistado: Pai de um utilizador de cadeira de rodas

Data da entrevista: 16th julho de 2014

Obrigado por participar neste estudo, espero que a entrevista seja agradável e interessante para ambos. O estudo é sobre as igrejas de matriz africana e os problemas de acesso físico que os imigrantes utilizadores de cadeiras de rodas enfrentam em Dublin. Como já lhe expliquei, a razão pela qual lhe estou a pedir para participar neste estudo é que me disseram que o seu filho é utilizador de cadeira de rodas e eu quero saber um pouco mais sobre a sua experiência. A entrevista demorará cerca de 45-60 minutos. Gostaria de verificar algumas coisas consigo antes de começar. É importante que saiba que se quiser parar ou fazer uma pausa em qualquer altura ou se eu lhe fizer uma pergunta e não se sentir à vontade para responder, não hesite em dizê-lo.

Sim.

Q. Tal como lhe expliquei anteriormente, o objetivo desta entrevista é puramente académico, posso verificar se está de acordo?

Sim.

Q. Tem alguma pergunta a fazer-me antes de começar?

Não.

P. Quando falei consigo inicialmente, concordou em participar e gostaria de saber se ainda está de acordo? Disse que preferia não ser gravada em áudio, mas que eu podia tomar notas?

Sim.

Q. Na sua opinião, qual é a importância do culto congregacional para quem é membro de uma igreja local?

É muito bom porque é edificante, quando adoramos com outras pessoas de diferentes culturas, cores.

Q. Para a sua filha, qual é a importância da igreja para ela?

Porque somos cristãos, porque, se não formos à igreja, não temos nada para fazer, e não podemos funcionar sem Deus.

Q. Quando dizes que não podemos funcionar sem Deus?

Como cristão, não há nada que possamos fazer sem Deus, dependemos de Deus para tudo. Também se conhecem pessoas e amigos.

Q. Como se sente quando adora no meio de outras pessoas?

É bom adorarmos juntos.

Q. Com que frequência vai à igreja?

Duas vezes por semana, sexta-feira e domingo, mas quando há um programa, vou todos os dias, por exemplo, neste momento estamos a fazer 21 dias de jejum, por isso venho mais vezes e, no final de cada mês, faço a vigília nocturna.

Q. Porque é que frequenta mais vezes a escola?

Porque quero que Deus intervenha em nosso favor, mesmo que as orações não sejam atendidas, continuaria a adorá-lo.

Q. Podes explicar o que queres que Deus intervenha?

Quero que Deus cure o meu bebé.

Q. Para além da cura, que mais?

Para me conceder favor, proteção, vida longa, boa saúde e dinheiro

Q. Na sua opinião, quais são os problemas relacionados com a frequência da igreja?

Por vezes, é possível arranjar um lugar para estacionar, mas não há sinalização para pessoas com deficiência, por vezes quero subir com o meu bebé. Por exemplo, no domingo passado, quando foi a semana da criança, o meu bebé estava a animá-los com gargalhadas, mas não lhe deram um presente. Custa-me muito, mas o que posso fazer?

Q. Porquê, eles não deram o seu filho?

Não sei, talvez porque o bebé é deficiente. Quando pediam às crianças para irem ao altar, o meu filho não podia ir, por vezes algumas crianças olhavam para o meu filho e eu dizia-lhes para não olharem assim para o meu filho.

Q. Qual foi a reação do seu bebé?

Se fosse na escola, eles davam ao meu bebé, mas aqui, como ela não pode fazer muito, não o fizeram.

Q. Que experiência tem de acesso à sua igreja?

Nas igrejas africanas não há elevadores, mas isso não nos impede de ir à igreja. Na minha igreja, os contínuos são muito prestáveis; se chegar cedo, terá um bom lugar para se sentar.

Q. Aqui os arrumadores são bons, mas e se não houver arrumadores?

Por vezes, é necessário estacionar a uma certa distância e, por vezes, é possível pedir ajuda a outras pessoas. Numa ocasião, tive de levar o meu bebé a pé (com rodas) da igreja até ao centro da cidade para apanhar o autocarro para casa. É difícil para mim ir à igreja sem carro. Por vezes, os africanos não querem ajudar. Normalmente, recebo mais ajuda dos europeus do que dos africanos quando se trata de cuidar do meu filho.

Q. Que impacto têm em si as barreiras físicas numa igreja?

Normalmente não uso as casas de banho da igreja, mas vou à cozinha para aquecer a comida. Não deixo o meu filho ao cuidado de ninguém, porque não confio neles. Normalmente, quando deixo o meu filho com pessoas, elas não cuidam bem do bebé.

Q. Costuma mudar o seu bebé na igreja?

Nem por isso, porque não há um fraldário em condições; uma vez quis mudar-lhe a fralda e o único sítio onde podia fazê-lo era o corredor, onde as pessoas passavam, o que não era conveniente e, desde então, tenho-me abstido de o fazer. Por vezes, alguns africanos pensam que se fez algo de errado ou que se é pecador. Houve uma vez em que um bebé na igreja estava a rezar com a minha filha e a mãe pediu-lhe para não o fazer. Os africanos fingem que amam, mas por dentro não amam.

Q. Quais são os factores que impedem a sua participação no serviço religioso?

O meu filho, porque não posso confiar em ninguém, uma vez que o meu marido não está na mesma igreja que eu. Na minha igreja anterior, ele ajudava-me. Já não posso limpar as instalações da igreja. Não posso participar na maioria das actividades. Pago o dízimo, mas para além do serviço religioso, não faço nenhuma atividade.

Q. E o seu filho?

Não há nada que o bebé possa fazer; por vezes, tiro-o da cadeira para lhe aliviar as pernas. O bebé gosta de música e, por vezes, dança na cadeira.

Q. E a classe das crianças?

Não, porque a casa das crianças fica no primeiro andar com escadas. Só posso pôr vídeos em casa para o bebé ver.

Q. Como é que tem acesso às percepções dos líderes da igreja em relação às pessoas com deficiência?

Algumas delas não ajudam as pessoas com deficiência, outras recusam-se a ajudar as pessoas com deficiência. Por vezes, os líderes da igreja ou os pastores intimidam-na a si e ao seu bebé. Alguns deles riem-se e, por vezes, fazem como se tivessem o poder de curar o seu bebé e exigem dinheiro. Há discriminação entre a congregação e não apenas entre os pastores. O meu antigo Pastor disse que, se o seu bebé é deficiente, isso significa que os pais fizeram algo de mau e isto foi contestado até por um membro que perguntou que pecado é que ela cometeu. Os Pastores africanos são críticos. Um Pastor disse ao meu marido que eu sou má e que tenho uma mão naquilo por que o meu filho está a passar.

Q. Como é que se sente quando está a ser tratado desta forma?

Eu conheço Deus antes de ter dado à luz esta criança. Mesmo que esta igreja, por causa da natureza do meu bebé, se afaste de mim.

Q. Que tipo de respostas recebeu quando tentou discutir questões de acessibilidade com os líderes da igreja?

Nunca me queixei a nenhum responsável da igreja. Um dia quis estacionar num lugar e os contínuos disseram-me que não podia estacionar ali porque esses lugares estavam reservados para convidados. Nas igrejas africanas não há qualquer tipo de apoio para pessoas com deficiência. A maioria das pessoas não mostra qualquer preocupação. Por vezes, nem sequer tenho vontade de vir, mas porque não quero andar de igreja em igreja. Na minha antiga igreja, fiquei lá onze anos, mas não aguentei mais e vim para a minha igreja atual.

Q. O que é que se pode dizer sobre os lugares de estacionamento?

É apenas o meu bebé e eles não vêem a necessidade. Há um homem branco que usa garras e, por vezes, visita-nos e tem dificuldade em arranjar estacionamento. Não o tenho visto ultimamente e talvez seja por causa disso.

Q. Como descreve a entrada na igreja (uma rampa ou uma entrada sem degraus)?

A entrada não é livre de degraus, houve uma altura em que ia cair com o meu filho, salvei o bebé e feri-me. Há um degrau onde levanto sempre a cadeira de rodas.

Q. Tem alguma dificuldade?

Tenho sempre de o levantar e baixar.

Q. E como descreveria as casas de banho? São acessíveis a uma pessoa em cadeira de rodas?

Não, não são acessíveis e, por vezes, quando há uma reunião em algumas das salas, normalmente não participo devido a problemas de acessibilidade.

Q. Como descreveria a abertura de portas?

Por vezes, ou alguém a abre para mim ou tenho de usar a minha própria mão para o fazer, porque as portas não são automáticas.

Q. Com que problemas se depara frequentemente quando utiliza as instalações da igreja?

Tenho de fazer tudo em casa, toda a igreja africana, visitei o Reino Unido e utilizar as instalações foi um problema, disseram-me que estava a incomodar o meu filho. Não é bom para uma pessoa ser deficiente. Entretanto, também havia alguém na cozinha a aquecer comida. Nas igrejas africanas há muitos problemas, às vezes sinto-me mal por vir à igreja por causa da atitude das pessoas.

Q. Se lhe pedissem para fazer sugestões para ajudar os utilizadores de cadeiras de rodas, o que recomendaria?

Em primeiro lugar, peço-lhes que tenham lugares de estacionamento para pessoas com deficiência, portas, casas de banho e fraldários, e que os tratem como as outras crianças, que os encorajem e que não ponham alguns bebés de lado. Na escola, uma criança com necessidades especiais é sempre premiada por fazer algo pequeno. Não estão a encorajar as pessoas com deficiência.

Q. Mais alguma coisa?

Devem mostrar-lhes amor.

Q. Como é que descreve o ambiente da igreja no seu todo?

Não é como as instalações normais da igreja. Eles não têm dinheiro suficiente. Por vezes, não se trata de um edifício, mas do lugar onde Deus habita, onde comunicamos com o nosso Deus. Alguns edifícios podem ser óptimos mas Deus não está lá.

Q. Para a sua filha que não consegue fazer as coisas sozinha?

A bebé depende de mim, o que eu lhe disser é o que faz sentido para ela.

Q. Obrigado por ter partilhado comigo a sua experiência. É tudo o que tenho para lhe perguntar. Tem alguma pergunta que me queira fazer? Há alguma coisa que queiras perguntar?

Por vezes, quando vou para a igreja de autocarro, devido à falta de espaço no autocarro para o meu filho, os motoristas não nos apanham. Por isso, volto para casa e os transportes públicos para a igreja têm sido sempre um problema.

Muito obrigado pelo vosso tempo.

Printed by Books on Demand GmbH, Norderstedt / Germany